JUMP
BACKPACKER
Neo 的澳洲冒險記事簿

U0037490

走，直接體會生命！

CONTENTS

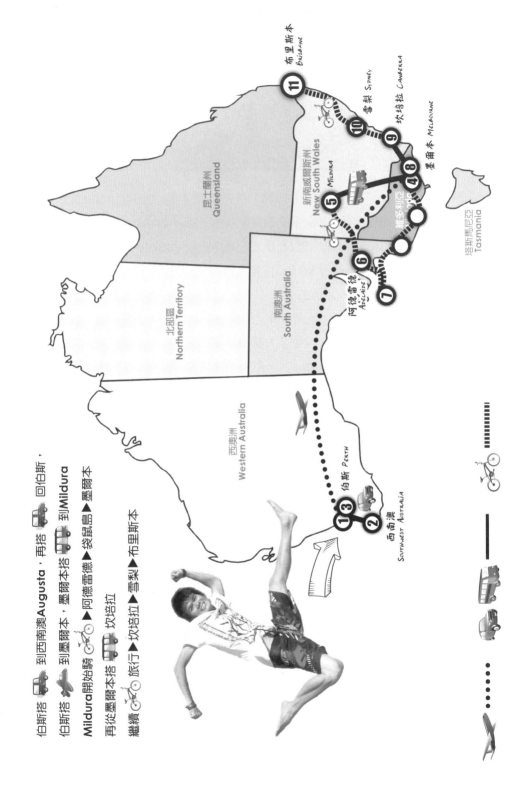

開始 START

FIRST JUMP!

I am Neo, I am Jumper！

「 跳高一點，落在地上的足跡會深一點，那麼旅行記
憶可否更深刻一點呢？」

　　我很喜歡在每次旅遊的過程中，拍下我跳躍的姿態，
好像這樣，這趟旅行就會變得熱血，事後看到照片也會
感到有趣——就這樣，我不知不覺地收集了大量的「跳
躍」，也認定了這是我旅行中一定要做的事：我要跳，這
就是我，我的風格與堅持！

　　第一次拍下「跳躍」，是在澎湖的海洋館前。當時有
一個張開大嘴的魚骨牙齒裝置很引人注目，大家都紛紛在
牙齒中照相留念，而我當然也是其中之一；只是當時卻覺
得，不管怎麼站、怎麼拍，牙齒都會遮到身體，只有在牙
齒正中心才是最佳位置——所以人勢必要跳・起・來！

　　從那次開始，我就喜歡上了這樣的照片呈現方式，
陽光、熱血，「熱情洋溢」是每次快樂的旅程最美好的
註解。

這一跳，讓我結下了後面千千萬萬跳的緣份。

跳跳生涯，跳多了，也跳出門學問。

請路過的人拍，往往就是靠運氣，容易失敗，有時即使跳到腿軟也還不一定能成功，這時只好謝謝好心的路人，然後再找下一個路人幫忙；自己拍，則是用相機定時功能，倒數10秒後跳。但這也是經過無數次耗盡電力、跳到路人側目的辛苦「練習」，如今，我只要心中數個節奏，跳，然後就可以直接拿相機走人──因為一定成功！

跳！就是我紀錄旅行的方式。

跳躍的照片讓我感到熱血，看到照片也很開心。這樣的紀錄方式，希望可以一直跳到老，跳到跳不動為止！而本書正是我在澳洲冒險的一年中，努力走跳的生活與故事。

走出了舒適圈，隻身探索世界，我感覺到了自己的渺小；顛沛流離的奔走流浪，讓我感覺到自己用身體真實地活著！那一年太過瘋狂，旅行中「迫不及待起床，捨不得睡覺」的生活，讓我的生命更加鮮明；很多故事，刻劃在記憶深處，我真切地用力呼吸──如此，靈魂變得壯大、變得勇敢，才知道，原來這就是壯遊。

獻給每一個勇敢又脆弱，在人生旅途壯遊的您。

文字背後，其實是我的滿腔熱血，是一位嘗試當「背包客」流浪了一年的深刻旅程。這段旅程深深的影響了我，而我也希望能將這份熱血也傳達給你──即使那只能讓人在休閒的午後會心一笑也好──但如果你心中也有那麼一點熱血的火苗，那就和我一起跳躍，讓它熊熊燒吧！

因為這個世界太過美妙，太值得我們飛出去擁抱！

因為人生有太多事情想做，現在就去實踐它吧！

「跳高一點，落在地上的足跡會深一點，那麼我的旅行記憶可否更深刻一點呢？」

醞釀 BREWING

想飛的心

　　「環遊世界」這四個字，向來都能讓人感到精彩，好像做了這件事，人生就沒有遺憾；好像這一件事，總被擺在夢想那個層次。出國去玩似乎被定義成是美好的、浪漫的，也是最能讓人幻想的。想像一下這個畫面吧……

　　在法國巴黎的午後，坐在街頭的露天咖啡座，微笑著說一句：「Bonjour」，然後與三五好友悠閒的享受咖啡香氣，感受摩登的街頭景致；

　　在義大利威尼斯的河道中，仰望藍天白雲，觸摸著淡淡溫柔的陽光。隨著船隻漂浮，遠眺麗都島上的建築，童話故事般的場景就在眼前；

嚐口紅酒，拿著籌碼，西裝筆挺的紳士模樣，從容不迫的在賭桌前一擲千金。一旁金髮美女誘人一笑，徜徉在拉斯維加斯這個慾望之都；

夏日午後，衝完浪，漫步在澳洲黃金海岸。熱騰騰的薯條、沁涼的啤酒，在夕陽的環繞下步入今晚的狂歡派對；

沙漠炙熱，豪邁的拿起水壺往口裡灌，野心勃勃的往遠方的乾枯死寂望去。在撒哈拉，成為出色的探險家。

想像總是美好，因為電影情節的夢幻，因為旅遊廣告的美妙，造就了我這樣愛作夢的男孩，好像即使是深陷荒涼沙漠之中，那故事也是耐人尋味。於是我埋進了書店的旅遊書籍中，愛上了電視上的旅遊節目，看著那麼多的旅人的故事，隨著他們一起想像，夢想著有一天，我也可以真真切切的觸及這世界的美好。

難道，我真的只能想像？

難道，安逸的生活可以禁錮著我？

機緣巧合下，我看到了打工度假前輩們的部落格，才發現，原來這世上有Working Holiday這件事！這一張簽證就可以讓你在異國遨遊一整年，有這張門票的存在，激發出我強烈的熱情與衝動，看著前輩們精采的生活，也燃起了我對打工度假的渴望。

打工度假簽證(Working Holiday Visa)是國與國間的協定，主要目的是讓青年在國外旅行並融入當地學習，而在旅行之餘亦可透過打工的方式賺取旅費──有了它，旅行的門檻變得平易近人，參觀「世界」的門票居然如此便宜！

行萬里路勝過讀萬卷書，現在有了如此便宜的門票，我還在等什麼？

沒錢出國、英文不好、事業太忙……我和大多數的人一樣，一直被這些無形的現實限制住，習慣性地走著大多

數人要走的路，受教育、拿學位、找工作、成家立業，那沒什麼不好，但是難道我就不能為我的人生帶來一點戲劇性的衝擊嗎？

　　總是想體驗流浪的感覺，另一個環境、另一個文化、另一個語言、另一個角度，跳脫過去的生活，去看看另一個國度正在發生些什麼。而這些念頭，在我當兵的時候隨著被限制的自由被醞釀成了放手一搏的衝動。因此當時的我下了決定，退伍後，我一定要做些什麼，讓我的生命活得更用力──我決定要去流浪，當一個「背包客」！

我是玩真的

　　只是，要出國這件事情，可不是嘴巴上說「下定了決心」事情就解決了。就像所有背包客一樣，我也遇到了一個相同的問題──「窮！」，這是背包客們最引以為傲的共通點，卻也是我們首先要跨出去的心理障礙──但正因為我沒錢，所以要靠自己去闖，努力在異地工作賺取生活費與旅費。

　　剛退伍，正是時候。工作還沒開始，也還不到30歲的打工簽證年齡限制，再想到打工旅遊中將能拓展、建立世界觀、掌握英文工具、磨鍊解決事情的能力、以及將來公司外派的可能等，我已經迫不及待了！

　　只是當我說服自己後，接著我就得開始去說服週遭的人們了。但大家卻都認為……我瘋了！

　　即使打工度假這件事已經在網路上討論的沸沸揚揚，

但還是有很多人不太清楚那是怎麼回事，不論是家中的父母還是親朋好友，每個人都充斥著反對的意見：

「退伍不好好找份工作，還想去玩，你哪來的錢出國？」

「你是去遊學？還是去旅遊？還是去工作？有學位可以拿嗎？」

「現在經濟不景氣你還不趕快找工作卡位，一年後不要你學弟都變成你主管囉！競爭力都失去了！」

「自己去？那有人照應嗎？沒有親戚在澳洲？那你要住哪？」

「工作哪有這麼好找阿，還可以跑到國外找？台灣正式工作不做，去國外當台勞，多沒尊嚴。」

「你是不是逃避出社會工作？只想去國外玩？」

接踵而來的反對聲浪，任憑我努力解釋那些目標與願景，最後似乎都變成了任性與逃避。但面對這些質疑、關心、以及擔憂，卻反而更激勵了我：我一定要努力證明，證明這個決定絕對具有正面的意義——所以，我必須更加重視這趟旅程。

我不是真的來玩的，而是來玩真的！背包客，就要對自己全權負責！

所以，我開始認真的為出遊認真的做起準備。上〈背包客棧〉網站查資訊、添購所需裝備、申請簽證、體檢辦保險、申請YHA（Youth Hostel Association，國際青年旅舍）會員卡、辦理國際駕照、機票比價、旅行支票、手機停辦……一步步讓夢想逐漸成為現實。

同時，我也更積極的用正面的態度來說服家人。準備過程中，很重要的一環就是給父母慢性催眠，我總是三不五時提到當背包客的好處：可以磨練勤儉、學習外文、學會獨立、大賺澳幣、增加國際視野，把那些精采的背包客故事說給他們聽。

於是，父母的態度逐漸從否定，變成了同意給我這個機會一試，但是依舊不是完全認同。於是，我也決定要建立一個部落格，把我在旅程中學習到的、感受到的，好好地在網路上分享給他們，讓他們知道我是在外認真的過生活，用心的在經營這趟旅程。

親愛的爸媽，抱歉了，因為我的任性，讓您們擔心了，但是這是我的人生，我也該試著自己決定！

記得我很慎重的跟爸媽說過一句話：「就是因為我是你們的兒子，我知道你們愛我，所以我更要珍惜自己的生命，更要精采的過活，絕不平白走這一遭。所以請讓我飛出去！」

相信，對於那些想要出國走一趟的朋友們。這些經歷也許值得和您一同分享參考。

打包，
準備出發！

心裡準備做好了，剩下還要準備什麼呢？

既然是打工度假，那麼履歷條就絕對是必要的！我自己製作了一組「SMTM履歷條」──SMTM＝SHOW ME THE MONEY！

沒有打工、沒有經費，如何渡假呢？打工是整個行程中非常重要的一環。很多人常常會想，在台灣都找不到工作了，到國外當台勞就比較容易找到嗎？也有的人會說，還是先在台灣找好工作再過去吧，貿然跑到不熟悉的地方，英文又不好，太冒險了！

但我相信吸引力法則：我覺得我會有工作，那麼工作就會找上我！

只是事情當然沒有那麼簡單。除了正面思考，我還要一點「創意」來脫穎而出。所以我在台灣就先印製了一疊「履歷條」，鈔票大小的紙張，讓我從一堆A4的履歷中更加亮眼。而履歷條中，有我用電腦畫的自畫像、一些工作經歷，另外還刻意做成紅色的──這樣可以順便告訴外國人，紅色在台灣代表吉祥，我來應徵也是要帶給你們祝福

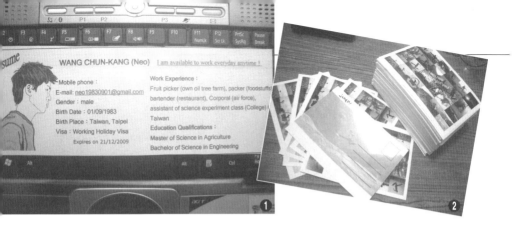

1. SMTM履歷條
2. Jump明信片

——而最重要的是，我拿「鈔票」給你看，其實心理默念
SHOW ME THE MONEY！

　　除了準備好和老闆面試的工具，我當然也要準備好和
朋友面試的工具。由於我很喜歡在每次旅遊的過程中，拍
下我跳躍的姿態，這是我旅遊的熱血「象徵」。所以我
特地將在台灣各地旅遊的跳躍照片匯集成了「Jump明信
片」，成為我和國外友人認識的名片以及象徵台灣「名
產」的伴手禮，送出我的熱情、結交新的朋友、感謝旅程
的貴人。

　　最後，當然是要做好讓外國人認識「台灣」的準
備啦！

　　到國外去流浪一定會接觸很多外國人，背包客都是過
客，或許我們將來不被記得，但是相信大家都會將對外來
人的印象與他的國家聯想在一起。國家給人的感覺常常會
有既定的印象，我在想，那台灣在外國人眼中是什麼印
象呢？

　　雖然我們有李安、王建民、捷安特、101、科技代
工……但如果對方不喜歡看棒球、不喜歡看電影、也沒有
騎腳踏車、或是對建築沒興趣呢？

　　其實國家的印象是該從我們自己做起，國民外交，出
國可不只是為了自己去看、去體驗，別人也正在看著我
們、體會我們呢！小小的交會，一時的觀感，對別人來說
已經形塑出了台灣的印象。

　　所以當我確定我要出國流浪看這個世界時，我也有了一些小小的使命感。

　　在準備行李的時候，不知道為什麼，我發現，原來我這麼愛用國貨——筆記型電腦、翻譯機、睡袋、保鮮盒、感冒藥、插座轉接頭、流行歌曲、旅遊照片、郵票、鑰匙圈……等，當然還有最重要的台灣國旗，這些通通都是台灣製造！

　　而為了介紹台灣文化、歷史、環境、生物等多樣性的獨特風貌，我也塞了一本行政院青輔會印製的小冊子《Let's be friends (Youth Travel in Taiwan)》，裡面用中、英、日文詳細的介紹台灣，習俗、慶典、生態、原住民、山水、文化等；另外還有中華民國國際青年之家協會編印的《台灣青年旅遊大使》，裡面也有簡單國民外交的教戰守則，很適合拿來介紹台灣。

　　準備好了行囊，接著也抄下親朋好友的明信片投遞地址，我相信人離開的越遙遠，心反而越貼近。

　　在出發的前夕，沒有遠足的興奮，沒有面對未知的害怕，我很平靜的在思索，思考這一切，那些讓我前進世界、讓我變成熟的元素，我收集這些感覺，很特別，從來沒有過。

　　整理好了行李，隨之，我也整理好了我的心情。

　　出發！

AUSTRALIA

伯斯 PERTH

LET'S GO!!

走向未知的旅程

抵達澳洲第一天
就被勒索？！

入境

——個人飛了這麼遠，終於來到這裡。載著滿腔的期待，從我踏起步伐開始，每一個行動都是我自己的選擇——我就是想要這麼做，進行我璀璨的冒險！

下午三點多，搭老虎航空從新加坡飛往澳洲伯斯，抵達時已經是當地時間晚間10點多了。心裡有點忐忑、有點期待，但是因為已經入夜，旅客不多，機場看起來有些稀落而不怎麼熱鬧，這讓我的興奮感降低不少；但隨處可見的英文標語、英文廣告，還是新鮮，好奇心驅使著我一直到處張望。

入境時，蓋章OK後，一位穿著像是警察的女長官把

我叫到一旁去問話，叭啦叭啦地講了一大堆：「你為什麼選Perth？你為什麼來這裡？你從哪裡來？你打算住哪裡？你要待多久？你……」看她那超級臭臉，難道以為我是恐怖份子嗎？沒關係，你臉越臭，我的笑容會越燦爛，因為我要讓你體會台灣的熱情！背包客就應該這樣正向思考！我相信澳洲一定會喜歡我的！

　　不過一連串的詢問，由於是首次聽到澳式英文，那口音聽來還真是有點吃力，好險我還是勉強用破英文應付了過來，這位「澳客」的長官也終於放我入關。

　　好，中文先收起來，我已經做好準備。澳洲，我來了！

　　不過心裡還正喊著「澳洲，我來了！」地往大門走去，沒想到一走出門我就愣住了——我要怎麼去市區啊？大門前方有很多計程車正等著，另外還有一台Shuttle Bus也停靠在一旁。既然是背包客，我當然就該選擇便宜的巴士囉！交通工具Got！

　　搭上Shuttle Bus後，我和司機閒聊了起來。他說我現在前往的地方離市區很近，走路很方便；但也特別叮嚀我，由於附近有幾家知名夜店，晚上可能會有人醉酒鬧

Bam'bu
backpackers

1. Shuttle Bus站牌
2. Bam'bu
　 Backpackers

3. 峇里島風情
4. 我的第一個家

事，要盡量小心。看他那說話的神情，好像我這隻小白兔即將要去住在大野狼的棲息地一樣。

懷著些許的忐忑，我終於到達第一天的落腳處，北橋區的Bam'bu backpackers。這是一家很有峇里島風味的背包客棧，網站上顯示的畫面非常正點，我在台灣的時候就已經先用網路訂好了房間，非常期待真正看到的這一刻。

不過或許是新手的好運吧，剛抵達Bam'bu的時候，櫃檯已經準備要關門了！幸好及時check in，否則我這個菜鳥背包客的第一天冒險就要流落街頭了。

如我所料，整間客棧非常地具有風味，傢俱與擺飾都充斥著竹子，給人渡假的感覺；但一進到我的8人房裡時，我卻被巨大的落差震撼住了——從來沒想過付錢投宿的旅店居然可以如此模樣，這根本就是個垃圾坑！震撼過後，我忍不住笑了出來，然後故作鎮靜地與室友打招呼。同房的室友一個是法國人，一個是巴西人，他們分別睡在左右兩張床上。毫無疑問的，這團混亂的幕後元兇就是這兩位「好」室友。

現實世界裡的
山大王

夜色漸暗，當我前往公共浴室刷牙的時候，卻在走廊上遇到一群人擋住我的路——這下我果真成了小白兔！

這群人嘻嘻鬧鬧又醉醺醺的模樣，很明顯就是喝醉

酒。擋住我之後，他們就像是抓到獵物的獵人，眼睛一直盯著我打量。

其中一人說：「如果你要通過這條路，這邊5個人，你每個人都要給點錢，才可以過去！」

其他人應聲起鬨，瘋癲地笑著。

電視劇裡那種「此路是我開，此樹是我栽，若要此路過，留下買路財」的畫面居然成了真實世界，原來背包客也有霸凌唷？

我試探性的回答：「你是認真的嗎？」

他說：「當然！」

我愣了一下：「……」接著卻傻笑著說：「喔！這麼好，那讓我加入你們，我也站在這收點錢好了！」

他們一聽，帶頭的那個突然從嚴肅變得隨和，大笑道：「哈哈！這傢伙好樣的啦。好！你可以過，你很好！」

急中生智地回答居然讓我脫離了險境，這還真是場意外的冒險體驗。事後回想起來，當時他們不論是想開玩笑、還是真的要欺負人，但透過這件事都讓我體會到一個道理：展開自己的心胸，開朗的面對一切，任何事都將可以迎刃而解！

來澳洲第一個體驗就是被勒索，非常的特別；在異鄉的第一夜，房間跟垃圾堆一樣，也是種新鮮。面對未知，神經繃得緊，也累壞了，一躺下，我就迅速的昏睡過去。

明天，又有什麼在等著我呢？

NEO

Neo小手札

　　澳洲的治安其實一向很好，人們也都很友善，大量的外來遊客也都很親切，基本上不需要太惶恐。不友善的情況其實都是少見的個案，不用擔心太多。但是出門在外，總是會遇到各式各樣的人，害人之心不可有、防人之心不可無，只要放開胸懷，體驗人際的相處其實也是一種趣味，更能擴展自己的「國際觀」。

　　走在街上，我也曾遇到過幾個無聊的外國路人言語挑釁，他們為了想要引起我的注意，刻意一直衝著我喊：「Hey！Bruce Lee(李小龍)！」、「Ninja(忍者)！Yo！Ninja！」這些帶有種族歧視意味的言語，聽著讓人又好氣又好笑，當下我就模仿李小龍對著他們喊：「哇達！」，然後笑著說：「Oh！Come on！I am not Bruce Lee.」結果對方也被我逗笑了。

　　當然，我不是說遇到挑釁就要學我這樣搞笑或無厘頭，只是有的時候一笑置之是無傷大雅的；淡定中帶點開朗，很多麻煩事或許就這樣迎刃而解囉！

澳洲地球村

蘇格蘭猛男兄弟

在 Bam'bu住的第三天，來了一個新室友，蘇格蘭人 Jamie。他全身刺青又壯碩的模樣，十分引人注目，一開始我還誤以為他是個非常兇悍的人。

　　他睡在我隔壁的床位上舖，因為我倆都是上舖，所以坐在床上打電腦的時候不時都會看到彼此，便聊了起來。聊天之後，我發現他是個溫和的人，也展開了我們的兄弟情緣。

　　我跟他都當過空軍，我是退伍後跑來澳洲當背包客，而他也是志願役五年後決定退伍出來看世界，相同的情況與相近的年齡一下就讓我們打開了話匣子。

　　每晚我們在房裡總是有聊不完的話，到後來每次遇到新朋友，我都會開玩笑地介紹說，我來自蘇格蘭，而 Jamie則會說他來自台灣，然後趕快補兩句不太標準的「你好、你好」。我們一起搞笑、一起做菜、一起旅遊，漸漸變成很要好的旅伴，也幾乎都一起行動。

1. 蘇格蘭猛男Jamie

而自從知道我有碩士學歷之後， Jamie就覺得我很了不起，雖然在重視學歷的台灣，碩士到處都是，但是Jamie卻認定了我是個很有智慧的人，常常什麼事情都問我；如果我說我不知道的時候，他總是會回一句：「你怎麼會不知道，你是碩士耶！」讓我啼笑皆非。不過也因為這樣，Jamie很多事情都會聽我的，採納我的意見，好像我是他的專屬顧問。所以當時我身邊總是跟著一個很聽我話的猛男，像是有個超級保鑣，走路可是很有風呢。

但是事實上，我向他學習的東西可多了！我們的相處讓我了解到，學英文多年，還不如跟一個講英文的人一起生活一個月，那真的是最生活化的耳濡目染。我的English也因為他，變得比較Scottish（蘇格蘭式英文），當然也因為他，我學到拳擊、蘇格蘭文化、正確的英文文法以及一些各國俚語。我第一次把炒飯炒得超好吃，也是透過他的廚藝教導。我們其實都是彼此的導師。

有了一個蘇格蘭猛男兄弟之後，背包客旅程也漸漸有趣了起來。

伯斯的背包客之夜

北橋區（Northbridge）到了夜晚，就是夜店的大集合，雖然給人的初始印象似乎很亂，但其實不然，每間Pub門口、場內都有保安人員隨時盯場，而夜店的規畫很像餐廳，上班族下班後常坐在吧檯前小酌，是一個輕鬆自

2. 擁抱世界各地的
朋友

在的環境。

Bam'bu到週末就會有DJ放音樂,而對面The Deen
每週一都有背包客之夜,免費提供每人一份的熱狗、沙拉
跟一杯飲料。這一夜,幾乎可以看到全伯斯的背包客齊聚
一堂,當然大家都是為了免費食物來的,而交朋友或是與
朋友定期碰面就在這囉!之前沒接觸過夜店的我,也漸漸
融入了這種聽音樂配清涼啤酒的享受。

一次我在舞台前看著live band的搖滾演出,有幾位一
看就是台灣臉孔的背包客向我走來,開口就問:「請問你
也是台灣人嗎?」

原來同鄉的氣質這麼好辨認呀!

他們的樣子就像是剛來到澳洲的新鮮背包客,正在努
力的想交朋友,透過找到自己同鄉的方式來增加安全感,
那種神情是很友善又生澀的,我想我剛來的那幾天應該也
是這個表情吧!這是很棒的表情,我要記住它!那「一開
始」的心情非常的珍貴。

當下,我沒有馬上回答,轉念間我故意露出一臉疑
惑,慢慢吐出幾個字:「阿……阿諾……」

那位開口的人一聽,脹紅了臉說:「Ah!Sorry!
Sorry!」其他人也驚訝的說:「啊!他是日本人啦!」

而當他們正不好意思的那一瞬間,我突然大聲的用台

語喊：「安內就是愛呆丸啦！」

一聽，大家立刻笑成一團。

背包客生活讓我體會到，朋友是旅行中最棒的風景，所以請打開胸懷，盡情的交朋友吧！

秉持著這樣的開朗胸懷，讓我一路上遇到數不清的朋友，也激起了無限的漣漪。

不只是澳洲

在澳洲當背包客，認識的可不只是澳洲人，世界各地的背包客都在這兒匯聚一堂，漸漸地，我遇到了英格蘭、蘇格蘭、法國、芬蘭、澳洲、韓國、香港、台灣來的人們，但其中就是沒有日本人。就在我正納悶為什麼的時候，沒想到過兩天日本人就出現了！

這次遇到的，是兩位日本女孩Saori與Yoko，當時我正在背包客棧廚房裡煮食物。我興奮的搬出所有我認識的日本藝人、電視劇、食物、戀愛巴士等話題，還有我們看電視學到的那些簡單日文，不過大部分我們都仍是鴨子聽雷，只能用比手畫腳來溝通。

說到日本和台灣，其實我們最熱門的爭執點，就是「釣魚台是我們的」！為了想要開個玩笑，我努力的想比出這個主張，但即便我使出渾身解數、努力的解釋，她們還是看不懂。唉，真是有點可惜，我很好奇對於同一件事情，台灣跟

3. Saori、Yoke & Neo

日本的人們到底有什麼不同的想法呢？我們的想法到底有多大的差距呢？

但即便有差距，在我們背包客們笑聲連連的熱絡交往中，總算是滿足了我對世界的好奇，我終於看到了世界更多的樣貌。

例如有一次，我跟Jamie找Saori與Yoko一起去海邊玩，這次也讓我有了新的體驗，留下了深刻的有趣印象。在海邊游泳的時候，Saori一直愛亂叫，日本女生都很愛說「欸～」、「嗚～」、「啊呵呵」、「Uso～」之類的發語詞，更可以製造出超多種不同的音效，在那個當下，我覺得自己好像在看真人版的Keroro卡通，讓我笑到不行。

當然，我也要回敬他們一下咱們台灣人的講話風格：「蛤」、「哇哩」、「安內泥」，這才是正港的台灣味啊！

一開始的背包生活，因為逐漸認識了來自不同國度的朋友，讓我第一次認真去思索外國人的生活方式，體會不同的文化差異。這些基本的生活小事，都讓我感到非常有趣，如果我不走這一遭，我想的生命中根本就沒有機會出現這麼多來自各國的朋友，也讓我相信這樣的國際交流，將會豐富我接下來的一年，讓我學到很多很多。

Neo小手札

文化與文化之間總是會有差異的。

在伯斯，我的兄弟Jamie曾經誤以為我騙了他，因為那天他看到我護照裡的名字並不是Neo！

當時我真是哭笑不得啊！

我告訴他說，台灣人通常都會另外取一個比較好記的英文名字，而並不常使用中文名字的英文音譯。說完，我還特別好心地把我們共同認識的朋友都拿出來舉例，想讓他釋懷。但這反而讓Jamie更加錯愕，他覺得我們這群台灣人都騙了他的感情，當時Jamie那個無奈的表情，逗得我笑到流淚。

BURSWOOD CASINO

決戰21點，
賭場夜未眠

Burswood
Casino

　　還記得之前看電影〈決勝21點〉時，那位MIT高材生
到賭場用數學算牌的技巧狠賺一筆，讓我對賭場的畫面留
下了奇妙而深刻的印象。在還沒去過前，似乎透過媒體就
可以大概想像出它的模樣，而在Jamie的邀約下，我終於
決定要去見見世面。

　　出發前Jamie開始與另一個室友Steven練習撲克。
大家都幻想，如果贏了錢，今晚就可以不用回宿舍，不但
直接入住賭場的高級飯店，還可以買台汽車環澳，不用找
工作，可以……當然，如果只是如果，有夢最美，希望
相隨。

　　我也知道「賭」這玩意很神奇也很迷幻，贏輸之間，
猶如天堂與地獄，一翻兩瞪眼。所以一開始我就有心理準
備，只玩50元澳幣，輸掉就停是我的原則。我可不想把追

尋背包客夢想的錢白白玩掉呢。

　　第一次去百事活賭場（Burswood Casino）試手氣，為了這天的初體驗，我特別穿了襯衫稍稍打扮一下，幻想起自己是個紳士賭徒，手指翻轉一下籌碼，風度高雅地笑著，在牌桌上從容不迫，輕輕品嘗著一杯咖啡，一副高竿模樣，哈！

　　對於第一次來到這裡客人，只要填寫資料就可以免費加入會員，得到他們的會員卡；憑卡可以喝兩次免費的熱飲，還可以兌換2澳幣讓你當做賭博基金；另外也有優惠卷，用在牌桌上就可以讓你的5澳幣籌碼直接升級成10澳幣。

　　看到了傳說中的賭場，裡面充斥著各式各樣的遊戲機台，也很多種牌桌遊戲，琳瑯滿目、目不暇給。在燈光的氛圍下，人們試起手氣格外興奮，不會控制自己的人，在這邊很容易一下子就迷失了。曾聽聞有的背包客朋友，每晚都一百多一百多澳幣的輸，當然也看過有人贏了錢大方請客，但是幾家歡樂幾家愁，這裡真是天使與惡魔纏鬥的戰場呢！可千萬別輸給了自己心中的貪念了。

1. 人性的拔河舞台
2. 我摸了賭場門口雕像的鬍子，認為可以帶來好運

賭場體驗一輪，把我過往認知的事情攤到了眼前，看到隔壁老翁贏得超大疊籌碼，眾人各個眼帶羨慕；也看到別人輸錢懊惱痛哭，真實世界看起來好不真實，亦或虛幻世界才真正現實。走了那麼一遭，有了體會，很高興，我還是控制得住自己。

回家路上，時間已晚，我跟Jamie看到遠方電車即將到站，因為擔心錯過最後一班電車，我倆就朝著電車瘋狂跑去，衝上好幾階樓梯，但電車還是走了，相視一眼，我們兩人氣喘吁吁地在月台突然狂笑起來。賭場之夜結束了，因為貪玩錯過電車的我們，雖然沒有輸光錢也沒有一夜致富，但也真真切切的感受到劇烈的心跳，和另一種的無奈。

不過慶幸的是，看了看時刻表，原來我們錯過的不是最後一班車，這下我們又從地獄來到了天堂。

3. 天使是否站在你的身邊？

Neo小手札

在澳洲，賭場規定必須要服裝合宜才能進場，所謂的合宜是指：男性不能穿短褲涼鞋，或是袒胸露背；而女性可以著短裙和優雅又美麗的涼鞋，但建議還是穿著一般的鞋子比較保險。曾有背包客朋友跟我抱怨，他的牛仔褲上有很多破洞造型，就被賭場保全擋在了外面。各地賭場規定或許略有不同，但一些基本要求就和前往高級餐廳一樣，稍微想像一下就知道如何拿捏了。另外還要提醒一點，賭場內是禁止拍照的，可要小心不要出糗了。

我與比利時導演的
戲劇生活

比利時開麥
拉！

在背包客棧認識了一號人物Damien，來自比利時，一個有點神經質的導演。年紀很輕，剛從學校畢業，主修導演。目標是買一台休旅車環澳，現在每當我喝到比利時啤酒的時候就會想到他。

Damien喜歡抱著單眼到處拍，而他拍的照片也很有他自己的風格，可能當導演就是要具備一種獨特的角度看世界，用他那導演般的視角記錄眼前的一切。

與他生活在一起，除了可以觀察一位比利時人的行為舉止之外，我好像也成了他的演員，受到嚴厲的指導。或

1. 不被欽點的第一
   男主角

　　許導演的天性使然，他很喜歡嚴格要求別人、教導「演員」、大聲喊卡。所以與他相處的過程，其實得到了很多改進自己的機會。

　　有一次我們一起到海邊曬太陽，在沙灘上我拿出筆記本開始嘗試跟他學法文、荷蘭文和英文，可是他的教學有別於Jamie的輕鬆，不但非常嚴厲，每當我的英文文法出了錯，他會很兇的指正我。所以和他聊天變得很有壓力，要很謹慎，不過這對我來說可是讓英文進步神速的好機會。

　　當然，他既然是導演，我也常開玩地笑毛遂自薦說要當演員，而這位導演大人也因此會不時地考驗我。我們就這樣鬧出了很多爆笑的事。走在街上，有時他會突然對我說：「你現在看到心愛的女人被車撞了，請你馬上展現悲傷又驚嚇的模樣！」或說：「你現在哭得出來嗎？」有時候我也豁出去了，就這樣在大街上誇張的脫序演出，但結果卻只是讓導演狂笑。例如有一次，我故意突然抱著路旁的郵筒，裝做見到好久不見的朋友般開始對著郵筒演起來，然後驕傲的說：「你看吧！演得多好，男主角不找我你會吃虧。」可是他居然回說：「我要找一個英文好一點的男主角！」可惡！

　　Damien他12歲就開始學做菜了，一如他的風格，對

於做菜他要求非常嚴格。我當然不會放過這個大好機會，開始向他學習比利時風格的歐式料理，他教我做菜，我請他喝啤酒，雙贏！

　　包含切菜的姿勢、動作，他教了我各式各樣的小技巧，有一次我們煮了一大鍋義大利麵，他要我切一個蘋果灑下去，果然，加上這一點酸酸的點綴，整個義大利麵變得好爽口。就這樣，我學習著語言、烹飪還有惡搞的演技，過了一陣子與比利時導演的戲劇生活。

尋Van之旅

　　Damien來澳洲之初，就決定買一台Van（小貨車），然後住在車上到處露營，完成他環澳的夢想。我很支持這個夢想，所以也陪著他到處尋找他的愛車，展開尋Van之旅。

　　在尋找的過程中，我才開始注意起各地的佈告欄，原來，無論是背包客棧還是商家等資訊，我們都可以在佈告欄上面找到滿滿的訊息：賣車、找旅伴、賣二手商品……等，族繁不及備載。

　　而隨著展開尋找Van的旅程，Damien那神經質的藝術家氣質表露無遺。每當他看到一台Van之後，回到家，就會開始在房間踱步、自言自語；而當最終決定撥電話給賣家拒絕時，他又會開始抱怨：「天阿！我真是不想讓人失望耶，但是我真的不想買那一台。」看他經常這樣歇斯底里又多愁善感的模樣，還真是非常有趣。

　　尋找的過程，雖然漫長，但卻也好玩，我們常開玩笑地演起他將來在車上聽音樂開車搖擺的蠢樣；或是猜想他載著一隻袋鼠，袋鼠搭著他的肩一起環澳的模樣。在夢想成形的過程，歡喜興奮溢於言表。最後，在經過四處的比較討論後，我們終於買到了他的寶貝！

　　他的環澳夢想即將實踐！那股強大的熱情，也感染了我。在替他感到高興之餘，我也開始思索自己來到澳洲的意義，難道純粹練習英文、在異地打工生活就能達到我追

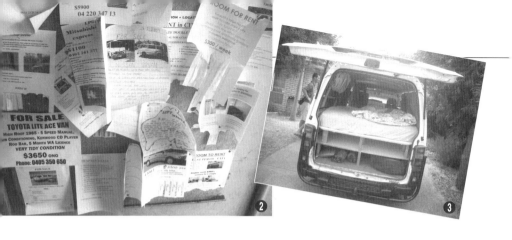

尋的一切？我是不是也該設定一個實踐的目標？

　　Damien開著車到處流浪，還沒啟程，我們就已經可以確定他的澳洲生活絕對精彩，不管後面發生什麼事，那不可預料的期待，還有面對未知的勇敢，就像面對人生。看到他的眼神，環澳這一件事情對他來說是無比認真與重要的──因此，我也在心中埋藏了一顆壯遊種子，我決定要在旅程中，慢慢讓它發芽！

　　隨著Damien的環澳之旅啟程，我們也暫時道別了；從來沒有當過演員的我，在與導演的生活中，好像也變得有那麼一點「戲劇化」。

2. 充滿各式訊息的佈告欄
3. 有床、電視、微波爐，這才是真正的「車床族」！

Neo小手札

　　Damien完成他的旅程回國後，後來又跑去加拿大玩了。透過網路，我欣賞到他繼續用他導演的視角所拍攝的照片，彷彿又再度跳進了他的故事領域中。

　　除了比利時啤酒之外，我最近也迷上了比利時巧克力，比利時對我來說不是那個只有尿尿小童的國度，也是我好朋友的迷人家鄉。

　　除了比利時導演之外，也在旅程中也遇到了台灣導演，這位導演除了會寫腳本、拍紀錄片外，還會氣功。當完暢銷作家之後，他打算出國念書，畢業回來後還打算學中醫……。

　　這世上奇妙的人都在背包客旅程中讓我遇到了，每一位行動力十足的背包客都讓我驚艷，他們不斷地嘗試、不斷地挑戰，讓我知道人生其實可以很戲劇，很精采。

SMTM — 誰說瘦皮猴不能做苦力？

SMTM——
SHOW ME
THE MONEY

打工度假，當然就不是一直度假，有工作才有收入，度假起來也比較愉快；所以找到工作，賺到自己的旅遊基金，在這趟旅程中非常重要。

在澳洲找工作，除了碰運氣地在路上找店家貼的誠徵告示去丟履歷外，透過澳洲人力網站、Job shop、人力仲介或是透過朋友介紹都是不錯的管道。

在一個母語不是自己慣用語言的國度，要找到工作，進而賺到錢，想像起來似乎很困難。懵懂的我，只好胡亂嘗試。

找工作就是要大膽，要表現出自己想要的態度。所以即使我想應徵的店沒缺人，我也會去找manager談一下，爭取我想要的工作；而若是丟過履歷的店，如果當時manager不在而只留下了履歷，隔天我就會再去一次，一定要跟manager親自談過，留下我那自以為讓人印象深刻的笑容。

　　但即使如此，一連找了幾天還是沒有下文，最後是Job shop通知了我一個好消息——他幫我在伯斯東北邊的遙遠Wiluna找到沙漠飯店的工作，供吃供住，是個存錢的好地方。雖然大多數的人一聽到沙漠，往往就馬上選擇放棄，但我想的卻是：「我沒去過沙漠耶！」只是這個挑戰雖好，但考慮到必須離開我在這邊認識的好朋友，也會偏離我原先的規劃，因此決定先繼續找別的工作，若真的走投無路再去沙漠跟太陽做朋友。

　　第二個找到的工作是養雞場——抓雞或是撿雞蛋，有一個缺。本來我想和兄弟Jamie一起去，但既然只缺一個人，也只好放棄，轉而把這個工作機會送給另一個蘇格蘭男孩Ryan。

　　連續放棄了兩個工作機會，也不知道當時為什麼要跟錢過不去。不過大概是因為剛找到了同伴，不願意形單影支的一個人；心理也覺得，既然陸續都找得到工作機會，看來找工作這件事情並沒有想像中的難嘛！

雞場飛了！
機場就來了！

　　果然，才剛放棄雞場的工作，馬上又有個機場的工作找上門，共有5個名額。不過這個工作必須要有藍卡——藍卡是西澳類似工安（Worksafe）的憑證，許多工地工作都必須有藍卡證明才可以做（編按：但現在大多已由白卡取代藍卡。）

　　而Jamie原來早就考到藍卡了，因為他知道自己的塊頭很適合做工地粗活，所以剛到澳洲就已經準備起來了。也因此，Jamie很快就得到了這個工作。

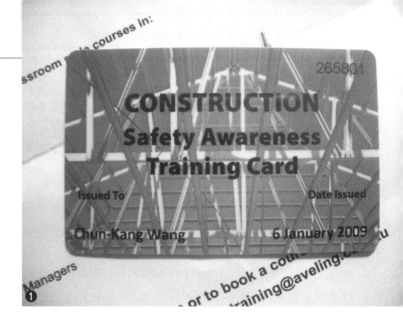

1. Blue Card

至於我呢，為了要得到這張卡，必須去上課4小時並通過線上考試。為了能和我的兄弟Jamie一起到機場打拼，藍卡我一定要拿到，而且要快，不然5個名額很快就沒了。

當天晚上，我就直盯著電腦進入線上課程並開始考試。全程英文的考試一開始讓我有點吃力，很多複選題，根本不能猜，一答錯，該題的影片課程就要重頭看過一遍；而雖然可以請考過了的Jamie幫忙，但由於整個線上系統考試時間超過4個小時，我也不想麻煩他。經過了8個小時的奮鬥，凌晨5點，藍卡終於到手！

考試一過，我馬上mail聯繫仲介，把藍卡卡號先寄給他，也順利搶到了工作。工作有了著落，也拿到來澳洲的第一張憑證，更順便學了不少英文——機會果然隨時隨地都會發生，沒到最後，就絕不該喪氣。

真正的第一次

有趣的是，事情到這邊好像應該告一段落了，但其實我的第一份工作並不是機場工作唷！

幫我安排機場工作的仲介，對於我當天就積極考取藍卡的幹勁留下了極好的印象，因為他的弟弟在水管工廠工作，臨時盤點需要人手，於是他就詢問我是否有意願幫

手。為了感謝他這麼快就幫我找了個好工作,我也馬上一口答應。

所以我真正第一次在澳洲上工,是到倉庫搬水管!

剛到公司倉庫進行盤點,只見到處都是工業用水管以及水管的轉接頭,每隻管子裡面都有鑲鐵絲,雖然非常堅固耐用,但是另一個意思是,它們超級重!

工頭是個澳洲人Gordon,他不斷用推高機搬水管過來,而我跟另一位同事就負責一直搬運下來盤點,推成堆,並把沒有標籤的水管攤開來量長度。

這些水管啊,攤開是容易,但要捲收回去,就像是抱著一個隨時會解散的大輪胎,邊滾邊整理,可不是個簡單的活。連粗壯的澳洲工頭也必須很努力地搬,對體力是極大的負荷。

稍晚,Manager Gary問我是否願意加班?對澳洲人來說,可是非常重視休假與休閒的,要求加班這樣的問題當然也是非常慎重;可是我當下卻想都沒想地馬上就說:「Yes!」惹得大家都笑了出來。

第一天上工,工作時數12.5個小時。晚上搭車回家時,真的是全身痠痛又狼狽,但是辛苦勞力之後喝一瓶可樂,爽!

不過這麼辛苦,最重要的還是不免要提一下⋯⋯「錢」。

從小到大,大家都覺得我很瘦,澳洲工頭也是這樣認為。這幾天我為了要證明我也辦得到,所以搬運時絕對是卯起來拼,連續3天的搬運,痠痛過後肌肉都長出來了,感覺就像是回到當兵新訓的時候,但是不同的是,這邊給的錢會讓人微笑——3天的工作,賺進台幣1萬1左右——才一天的工作就可以支付我在這邊一週的房租,還真是讓人開心!

辛苦工作之後吃東西與喝飲料都格外暢快,工作會讓

2. 這是公司的名字
3. 大蟒蛇一樣的水管
4. Gary & Neo

人更加珍惜，休假的時候玩樂也會更加開心。

在這邊，我很高興能認識Philip、Jason、Gary與Gordon，感謝他們！

在水管工廠工作讓我體會到一件事情——澳洲人願意給任何人機會，只要你願意付出。以我這種瘦皮猴身材的男生，在台灣要找到粗活做多半都會被拒絕，就算可以做也一定會懷疑我是否能夠勝任。在那座工廠裡待辦公室的人，每個都比我還要壯碩，卻讓我這個瘦皮猴去執行搬水管的工作，工作結束的時候，我帶著我的疑惑去問Gary：「僱用我這樣的瘦皮猴來搬水管不是很沒效率、很不值得嗎？」Gary想都沒想的說：「你做得很好啊！不是嗎？」

很高興，我竟然在澳洲嘗試做了苦力，還得到肯定。

Neo小手札

跟我一起工作的同事Jason，平時開著一台很破舊的小汽車來上班，而這邊的老闆跟工頭開的都是BMW。

一天，Jason發現他的車子會漏油，打算下午請假去修車。老闆Gary很熱心的打電話給他的BMW車廠請人過來公司幫忙修理；中午休息時，車廠的人就把車子修好了。當Jason問他多少錢的時候，那位修車的先生面帶微笑的說：「沒關係！我知道你總有一天會換開BMW的，等你開BMW的時候，記得要找我保養就好了！」

或許他是給Gary面子，或許只是因為簡單的調整不需要什麼成本，但是我永遠也忘不了，他不只是把車子修好，更給我們年輕人這麼一句充滿希望與鼓勵的話。

SMTM – Qantas Airport
一到機場上班去！

工作文化的
衝擊

雞場飛了！機場就來了！在澳洲打工度假，身邊充斥
著各種冒險的機會，你完全無法預料下一秒將會寫
下什麼故事。

感覺我跟機場挺有緣份的，當兵當了空軍、掃了跑
道、看了戰鬥機，而飛機也載著我的夢想讓我接軌這世
界，最後來到澳航國內機場工作。我們的工作是一項外包
工程，要把義大利進口的椅子搬運、組裝，讓機場航廈內
的座椅通通換新。

來到這邊的第一天工作，除了傻眼，我還是只能用傻

眼來形容......。

　　早上七點趕到機場後，與老闆、仲介、同事見面，我們開始在咖啡廳討論工作細節，老闆大方的請所有人喝咖啡。而由於要在機場上班，必須通過Qantas的考試認證才能擁有通行證，所以一整個早上大家都在準備參加線上考試。令人訝異的是，此時薪水已經開始計算啦！中午時，老闆又請大家吃三明治當午餐，工作的時候也不定時地請我們喝運動飲料或是可樂，想喝什麼還可以自己挑。對比於在台灣時的打工經驗，看到澳洲雇主對於員工的重視、尊重以及大方的態度，這樣的文化衝擊，真的讓我傻眼。

　　這樣的對待方式，讓我一開始就決定我會盡力把這工作做好，絕對不會讓他們失望！員工的心就這麼被他們的大方輕易收服了。

　　第一天的工作，就是要開始把所有的義大利進口椅子組裝起來。當雇主與主管們正忙著想辦法打開貨櫃時，我們這群打工的卻只顧著在旁邊看好戲，這種狀況我想在台灣大概很難得看到吧。

　　義大利設計師Loris是這一套傢具的設計者，所以專程從義大利飛來，指導我們如何把他的大作給組裝起來。Loris除了教我們組裝傢俱，還教我們講一些簡單的義大利話，他真是一個可愛的人，讓我感受到義大利人的工作風格，還有義大利工藝那專注又愜意的方式。

1. 義大利設計師Loris與他的作品們
2. 哇！我不是旅客，我是工作人員！

3. 警戒字條

　　我們大部分的時間都是待在機場裡組裝這些高級家具，一般都會用警戒字條（CAUTION）來隔出一塊區域以供我們工作。雖然如此，在組裝過程中仍是引起大部分搭機旅客們的關注，有人會和我們攀談，也有人出於好奇將我們當成是動物園裡的動物觀賞；當然，由於我們穿著工作人員的黃色背心，所以有時也會被旅客尋問一些問題，甚至連包包不見了這種問題也找上了我們──而我們自然也是熱心協助，因為我們正是機場裡面的一分子！

　　澳洲人工作完全依照程序：先把東西搬出，點好數量，分類，之後再搬到現場組裝。這其中其實有很多步驟感覺起來完全是在浪費時間，「奸巧」的台灣人總是能想到更好的方式來解省工時，但反過來想，他們這種作法卻確保了工作能夠循序漸進，也幾乎不容易出錯。

　　另外，他們也非常注意工作安全，太重的東西絕對使用機器；如果發現有一絲危險就會立刻阻止我們行動，然後換個方式去做。從來不會因為要趕工而逼著我們永遠「全力以赴」，而是用信任我們的方式，讓我們依照自己的進度完成工作。這種作法讓我感到自在與信任，為了回應這樣的尊重，我們也不會想偷懶，反而會一起把事情做

到最好。

　　不過工作不會總是輕鬆的，第一天雖然是輕鬆的度過了，但後面卻開始天天加班；每天工作時數超過12小時，回家又要煮明天的中餐，下班煮飯、睡覺，醒來工作，每天重複一樣的事情也成了一種疲勞轟炸。雖然非常的想要有那麼一丁點的休閒時光，但一想到錢這麼一直滾到口袋裡，卻也頗為充實。

　　組裝的工作，常常讓我們體會到「躺著賺」的經驗，但其實躺著賺比站著賺還要累，要一直用各種姿勢施力來鎖緊螺絲，經過12.5小時的工作後，許多從沒用過的手部肌肉這下都被開發了，酸痛得很。

　　除了進袋的Money和肌肉群組的開發，另一項最棒的收穫就是認識了許多同事！這些朋友後來也成為了旅伴，很多至今都還是時常保聯繫的好朋友：常常累癱在椅子上睡覺的Ken、總讓我們搭便車的Lock、請我們喝紐西蘭伏特加的紐西蘭毛利人安東尼奧先生……，有了他們，工作雖然疲累，但大夥兒一起打打鬧鬧的時間卻也過得愉快。有次粗壯的安東尼奧跳到Jamie的背上幫他踩背，我想馬

4. 躺著賺不會比較爽

5. 大功告成！
6. 我們的工作團隊

殺雞的效果應該是沒有的，但這樣搞笑紓壓的效果卻是一百分啊！

　　辛苦的工作絕對是值得的！在澳洲，街上或是工地裡那些穿著螢光黃的勞工們，可是既高薪又受人尊重的，我也覺得就是要這種工作才夠Man！所以當我能夠穿著這背心在機場裡走動時，我感到非常驕傲，有別於我們亞洲人對於基層勞工的蔑視，澳洲人展現出來的態度與尊重其實非常值得我們借鏡──只要努力於自己的職業，每個人都是偉大的！

　　6天的瘋狂加班，扣掉稅後，大概賺了2萬多台幣，相當於我到澳洲後第一個月的開銷。而除了錢，我從中學習到的新思維更是無價，能在機場工作真是酷斃了！

Neo小手札

　　勞工安全卡(Construction Safety Awareness Training Card)，澳洲各個省都有不同的顏色，像我考取的就是屬於西澳的藍卡，維多利亞省的稱做紅卡，後來澳洲統一改為白卡。其功能皆同，只要在營建、工地等相關工作上班，都必須得到這張認證才可以合法的工作，這是為了確保你對職業安全的認知，由於這類型的工作通常薪水高，卻也比較危險，所以即使你是在工地純粹作清掃的工作，也都必須擁有這張認證。課程與考試有兩種方式，一種是實地在教室上課並考試，時間約一個上午；另一種則是我選用的線上教學與考試，時間不受限制，你可以慢慢花時間去理解內容、嘗試錯誤，也是可以通過考試的。考試通過之後，在付出相關申請費用後，卡片就會寄到你的手上。而當你通過考試後的三個月內，只要藉由此認證而找到相關工作，還可以申請將先前的費用退回大部分。

　　想開始取得你的第一張澳洲證照，請參考網站 White Card Australia：
http://www.whitecardaustralia.com.au/

OZ Day－澳洲國慶日與原住民打架？

OZ Day與
美麗的道別

澳洲建國雖晚，但是他們愛國的心情卻依然熱情飛揚！OZ Day（Australia Day，澳洲國慶日）前後，除了到處都是澳洲的紀念品店外，到了國慶日當天，街頭上到處都會有人高喊：「OZ！OZ！OZ！」，很多人或把國旗披在身上、或把國旗貼紙貼在身上，澳洲國旗演變成各式各樣的裝扮，當天就宛如一場嘉年華會，沒有混亂的政治，只有對自己國家的熱情。

伯斯的天鵝湖（Swan River）一帶，在OZ Day當天會有煙火釋放，而這晚正巧是我要離開伯斯的前夜。那

天，我與朋友一起去看著滿天煙火，璀璨美麗，彷彿是在
幫我向伯斯做最後的道別。

地上的火花

　　就在這道別前的美麗夜晚，卻發生了一件意想不到的
事情！

　　當我隨著眾人在草地上等待著煙火釋放時，在遠處卻
有五個澳洲原住民模樣的人到處奔跑，故意衝撞路人；雖
然可能只是在開玩笑，然而肆無忌憚的流氓模樣卻讓人感
覺非常不禮貌，每個被他們碰到的人，臉上都露出厭惡或
是驚嚇的表情。而就在我還沒來得及思考的時候，這群人
已經向我撞過來了！

　　當我被第一個人撞到時，本還不以為意，但隨後卻又
陸續被那群夥伴們一個接一個一地衝撞。當下我忍不住有
些火大，轉頭怒視著最後一個撞我的小鬼，那小鬼似乎被
我的反應嚇到，於是叫他的哥哥們打我。第一個撞我的那
人個頭很高，當下第一個衝過來對我揮拳；而我則本能反

應地做出拳擊中防禦閃躲的姿態，握拳應戰。想不到那個男子一看，反而嚇得退後了幾步，但仍舊在一旁繞圈，不肯就這樣放過我。

我攤開雙手說：「What's wrong? You guys hits me first!」但這群人哪這麼好說話，仍是圍著我緊迫盯人，於是我也只能以拳擊姿態繼續與他們僵持，不斷地移動與閃躲；後來我的朋友中的另一個男生看不過去，過來把我拉到一旁，試圖打個圓場，而我也再度攤開手對他們說：「Peace! OK?」

不料，話音才落，我臉上已經吃了那高個兒的一拳，眼鏡瞬間飛了出去！

那夥人打了人後就立刻一哄而散，而我當下卻意外的冷靜——既沒有驚惶失措，也沒有上演街頭追逐戰——低頭檢視情況，眼鏡沒壞、也受傷，一切沒事，好險！

後來聽朋友說才知道，澳洲政府因為過去侵占原住民地盤，因此總抱持著虧欠

的心態而對原住民採取保護的措施——不但有優渥的福利與補助，甚至連法令的罰則也較輕——但政府的大方，卻間接導致了許多無業遊民的出現。在圖書館或是公園，常常會看到懶得工作的原住民到處跟人要食物或討錢，甚至還有一些流氓，就像我遇到的這群人一樣。

　　當然，這種人絕對都只是部分而已，在旅行的途中，我和我的朋友們遇到了更多友善的原住民朋友，他們很努力的介紹他們的文化，也用最溫暖的態度照顧我們這些異鄉來的旅人。

　　不過澳洲對於原住民的政策也是社會常常討論的問題，在城市到處可見的澳洲原住民文化展覽，看到各式樂器、圖騰及藝品充斥在大街小巷，這些美好的文化與歷史的演變，我還在努力的認識與了解中，國慶日的突發事件，或許是要教導我些什麼，我開始反省。

衝突的啟示

　　當然，事情的發生往往都不是單一面相地，俗話說一個巴掌拍不響，事情發生後我就不斷地思考，是否我也有做錯的地方？當時事情發生的太快，所以當下地反應或許是錯誤的。如果我一開始一笑置之，又怎麼會有後續的衝突？

　　只是在當時的氛圍下，腎上腺素不斷地飆升，既然澳洲當地人都這樣冷眼旁觀，那我這個外來的正義之士不正可以一展風範，好好教訓這些沒有禮貌地傢伙嗎？

　　但轉念一想，當時我的週遭還有很多朋友，如果事情變得更嚴重，不是反而害了大家？我們這些異鄉來的旅人，如果鬧大了，進了警局，背包客的夢想會不會就這樣草草地結束？而我們一開始不也只是想開開心心地看個煙火罷了。如果重來一次，我還是不知道我會如何。好事壞事，短短一念之間；如果是你，你會怎麼做？而我當時做對了嗎？

　　但總而言之，防人之心確實不可無。不論是在哪個國

家，風險總是不可避免的，而如何避免就要看你自己的智慧了。這次好險有Jamie胡亂教我的拳擊架勢，讓我至少有個不退縮的意志，也多少唬住了那些莽撞的傢伙。

　　在狂歡慶祝的國慶日，這特別的經驗卻讓我深思了許多，秉持和平主義的我依舊和平，不開心也就隨著煙火的消散結束吧，Love & Peace！

吹奏Didjeridu的街頭藝人

Neo小手札

　　澳洲原住民有個傳統樂器叫作Didjeridu（或叫做Didgeridoo），那是一根中空的木頭，吹奏的聲音很特別，而這根木頭上原住民通常都會加以彩繪。一開始，為了趕出躲藏在樹幹中的動物與昆蟲並加以捕捉，於是他們就朝裡頭吹氣，卻意外地發現了其獨特的吹奏聲響，最後就逐漸演變成現在在澳洲非常有名的樂器。要不是他體積龐大、不利攜帶，不然我也很想買一支作紀念呢！

傳說，早期的原住民發現了一支白蟻蛀空的樹幹，

Rottnest Island，
在天堂的單車環島

湛藍的天堂島

來到西澳後，才知道有個地方叫做羅特尼斯島（Rottnest Island）。在眾多廣告資訊與口耳相傳的渲染下，不知不覺間，那兒就成了我心心念念，非常想去的地方。離開伯斯、離開西澳前，如果沒去Rottnest Island，我想我將來一定會遺憾的。或許就像石田裕輔那本書名一樣：「不去會死！」

在機場的工作中，我認識了一位台灣的背包客好友，Ken。我跑過馬拉松，而Ken則曾經單車環遊台灣——兩人合體，就開啟了我們單車繞行Rottnest Island的序章。

1. 單車環島，出發！
2. 往高處騎去

　　這座島嶼的名稱，是來自某個荷蘭航海家。當他第一次登陸此島時，由於看到了一種短尾矮袋鼠，於是他就以這隻「大老鼠」來將該島命名為：「Rat-Nest」（老鼠窩）。不過事實上這種袋鼠叫做Quokkas，現在澳洲可是有份報紙就是以此為名唷！

　　而我們的「老鼠窩島」，位於西澳的西南方，座落在印度洋上，由於受到適當的保護，純淨無污染，是個渡假聖地。島上有公車、小火車，也有觀光巴士的活動行程。但秉持著背包客的熱血，我們當然一定要選擇單車！使力踩踏，用輪圈刻劃這天堂島的記憶！

　　Rottnest Island到處都是一片湛藍。天空與大海的藍互相爭艷，陽光灑落海面，讓海水閃閃發光；海水被照得透明了，那些海裡的岩石就這麼隨著波浪在我們的眼前搖

3. 島上最高處
   Lighthouse

❸

在天堂遇見的
人們

擺。這裡的美，美到讓人感動，我對Rottnest Island的印象就是明亮的藍色。

騎乘著單車，彷彿騎乘著風，在這島嶼滑行。放眼的湛藍，輪圈的轉動，我們默默的感受著天堂。

島上並不平坦，上下坡起伏不定，尤其是往最高處燈塔的路上，幾乎都是恐怖的上坡。很多人都寧願下車，將單車用牽的往上徒步走去。但我和Ken就硬是要用騎的！苦是吃了不少，但也讓我們倆產生了一起奮鬥的革命情感。

Ken是非常好的車友，我們會互相較勁、彼此超車。每次我超他車時，都故意把身體往前傾，然後發出很機車聲音呼喊道：「呀～超！過！去！了！」Ken當然也不會就此罷休，沒多久就會超回來，然後回頭對我作出很機車的表情。就這樣，簡單的單車旅行卻一點都不無聊，騎一騎還會笑到岔氣。而就在我們賣力的競爭中，這座島居然不知不覺間就被我們騎遍了！

就這樣，敞開心胸，卯起來騎車。而這一路上，我們當然也遇到了不少人，有騎士、也有健行的，大家彼此間都會打招呼。一次，當我們熱情地說完：「Hello」，對方的老外竟然對我們說：「叩你幾哇！（こんにちわ）」，哎呀！我不是日本人啊！正當我想回答：「No! I am……」時，對方卻早已揚長而去。

還有一次，由於聽到有人用大陸口音交談，於是我騎著單車呼嘯而過，大喊：「新年快樂！」，這當然又是換來一陣愉快的大笑。

　　途中，我們也發現許多天然泳池，單車一丟，我倆就衝下去游泳。但或許是因為太過熱血，飆車、游泳、游完又繼續騎，結果我就抽筋了。沒辦法，我跟Ken這下只好乖乖地坐在路邊休息聊天，但即便是這種困境，卻也意外地是種享受——原來在天堂就算抽筋，單純的寧靜也能讓人怡然自得——盡情地呼吸，感受著大自然的美好。

美女的人體彩繪

　　隨著旅程逐漸接近尾聲，我們騎著單車準備返回碼頭，路上，遠遠地就看到兩個比基尼女郎坐在半路上。咦？又不是沙漠，怎麼會有海市蜃樓？

　　慢慢接近，我們才終於確定她們是真的存在。這兩位美女在這邊曬太陽，然後順便在彼此在身上互相寫字，玩玩人體彩繪。而既然遇到了，我跟Ken也就請她們順便幫我倆在手臂上寫一下，當作是完成環島的紀念。

4. 陽光的人體彩繪

5. 用單車刻劃我們
   的青春,成功!

難忘

　　這次的環島紀行,我永遠都不會忘記那種乘著風的快樂!雖然很累,但是用自己的行動力來旅行,彷彿更加深刻,也更加親近自然。這趟旅程讓我的壯遊種子發了芽,單車長途旅行?……嗯,一定很不錯!從這刻起,在我的心中已經埋下了一個計畫。

　　回程的船上,Ken和我都累到睡死了,直到船開到弗里曼特爾(fremantle,被我們戲稱為「肥饅頭」)時仍是呈現昏迷狀態。迷迷糊糊間,我卻聽到有人喊我的名字,跟我說已經到了,趕快起來。這到底是夢還是怎麼回事?為什麼會有陌生人知道我的名字?

　　原來,是比基尼辣妹在我手上寫了大大的NEO啊!只能說無巧不成書嚕。

　　給我一劑海水,甦醒那年夏的滋味;
　　陽光飄打海面,鹹,卻又刺眼。
　　身上的疲憊,擱淺;沙灘被優越霸佔。
　　壓力、煩惱、bullshit,一腳塞進珊瑚礁岩。
　　忘卻,一切的一切 。
　　暖流、熱血 ,潮浪刻劃了生命;
　　那天,我們臉上充滿笑靨。

6. 可愛的Quokkas
——錯誤示範，
請不要餵食！

歡樂迎風舞盪，沙粒在指間纏綿，
陽光將我曬黑，浪花在海面浮潛。
單車的狂野，這一刻是不朽的紀念。
包圍，感覺的感覺。

Neo小手札

Quokkas非常的可愛，很多遊客都會忍不住拿食物餵他們，我也不例外。但隨著旅行經驗的累積，我才慢慢被教育到：餵食野生動物，是個錯誤的行為！

由於人類的餵食，這些加工食品可能危害到野生動物的健康，也會造成他們野性的消失。當他們習慣被餵食後，嚴重一點的，可能會喪失尋找食物的求生能力；而另一種更極端的狀況，則是出現某種特定生物大量繁殖的情況，最後甚至造成生態鏈的平衡被破壞。

例如餵食松鼠，這些人類加工的食品不但讓松鼠造成病變，同時更因為松鼠的大量繁殖而造成樹木被啃食的狀況惡化！我們不經意的小動作，最後卻可能造成生態系的嚴重危機；因此，法律也明文規定禁止了這樣的行為。

愛牠就不要餵牠，讓大自然繼續保持自然吧！

AUSTRALIA

西南澳 SOUTH WEST AUSTRALIA

SMTM－油換油，
一片蔥油餅換到油漆工作

再見，伯斯

在伯斯待了一個月，我漸漸的開始習慣了背包客這樣「唯一不變的就是變」的生活模式，而我相信，在伯斯所見到的都還只是冰山一角。澳洲這塊比台灣大兩百多倍的土地，其他地方又是如何呢？……是該出去看看其他世界了。

　　我、Ken、Lock以及Kei，四個台灣背包客，決定一起開車南下，離開伯斯，找尋新的方向，心的方向。

　　農場、小鎮、荒野，從伯斯（Perth）到Bunbury，再經Busslton、Dunsborough，直到Margaret River，最後

我們落腳奧古斯塔（Augusta）。

　　一路上我們開心的唱歌、鬼吼鬼叫，在看了沿路的美麗風景後，我們決定要在鄉村討生活！

　　我們住進Augusta的Baywatch Manor YHA，老闆Glen是澳洲人，風趣也友善，很喜歡跟我們聊天。

　　有一次，我們四個大男人擠在廚房裡合力做蔥油餅當早餐，邊做還邊開玩笑的說，是不是乾脆去擺路邊攤，以賣蔥油餅賺旅費；經過一番奮戰，終於大功告成，也不知是誰一時興起，便拿了一塊給老闆Glen吃吃看。Glen一邊吃，一邊又開始和我們閒聊起來，他問我們今天有何計畫？我們告訴他，因為目前還沒找到工作，所以也沒什麼計畫可言。想不到，他接著居然問我們要不要幫他另一棟Holiday house整修一下。

一切都是由一片蔥油餅開始

1. 南方四賤客：
   我、Ken、Lock
   以及Kei

❶

2.3. 油換油！

嘿嘿，還真是意想不到啊！就這樣，我得到在澳洲的第三份工作，而這竟然是因為一塊蔥油餅！

Glen借我們單車讓我們騎去附近的房子上工，工作説起來並不難：修剪房子外圍的花草，打磨木頭的部分並貼上紙膠布，將外牆跟窗框上漆──這些工作我們一共忙了三天，但其實每天只做兩三小時；有時候太陽大，Glen甚至覺得太熱而叫我們別去工作呢！

這麼輕鬆愉快的工作，讓我們更加用心地為房子保養上漆。

雖然工作之初我們並沒有討論到報酬是多少，但因為Glen人超nice，我們其實都十分樂意「純」幫忙而不打算計較太多。最後，Glen讓我們免了三天YHA的住宿費，而我就這樣在不知不覺間體驗到了第一次的help exchange（食宿交換）！

Glen先生的
秘密花園－
Leeuwin
Naturaliste
National
Park

在工作的聊天當中，Glen一聽到我是念環境科學的，就馬上告訴我他是主修國家公園，並且邀請我們去附近的國家公園玩。就這樣，我們又賺到了一趟意料之外的超棒旅行。

我們的目的地是露紋自然國家公園（Leeuwin-Naturaliste National Park），這可是要開四輪傳動車才到得了的私房景點。Glen先生開著四輪傳動車載我們，一

路上顛顛簸簸，儘在森林小徑間穿梭，不熟悉的人一定會迷路；有些上下坡就像玩雲霄飛車，一定要四輪傳動才能前進得了，有些想闖進這個私房景點的小轎車，就真的吃了鱉，卡在半路動彈不得。

　　穿越森林之後，等待著我們的是一片湛藍。露紋自然國家公園位於西澳西南區的西半部，相鄰印度洋，最北端是納多魯利斯角（Cape Naturaliste），最南端是露紋角（Cape Leeuwin）。沿岸不遠處，海面上有許多露出的岩石，我們涉水而過，在浩然天地下、海水波濤中，整片海岸就只有我們一行人——天地之悠悠，或許就是這種感覺。攤開雙臂，對著大地之母呼喊，所有煩惱就會被海水的藍吞噬掉。

4. 有趣的Glen先生
5. 徜徉天地間

當我們還沉浸在美麗的海洋與岩石的環繞時，沒想到Glen還安排了下一個景點。接著，他載我們到自然公園中最大的鐘乳石洞「寶石洞穴（Jewel Cave）」參觀，真是過癮！

　　徜徉在大自然的壯麗中，讓我們不斷地嘆服。一草一木，就算是相同種名，卻從不存在「一模一樣」，每一朵雲都不盡相同，每一方的鐘乳石也都各有千秋──大自然正是最厲害的藝術家吧！

　　一路上，Glen為我們介紹當地生態，回程路上還請我們到Bar喝啤酒。一個蔥油餅延伸出的一次有趣的工作，一段超精采的國家公園導覽，更交上了他這個好朋友！這個體驗，或許就是旅行的意義。

　　背包客的旅程中，我總是很容易地遇到各國的背包客，和他們做朋友；但是滿街的澳洲人，認識的卻沒有半

個！Glen算是我第一位認識的澳洲當地人，也是我第一次收到「帶你出去玩」這樣的禮物。

　　Glen爽朗的笑容至今仍讓我記憶猶新。雖然Glen告訴我們，他打算將YHA賣掉，所以下次如果我們重返Augusta的時候就遇不到他了；而那棟我們粉刷過的房子，或許到了那時候又是該重新粉刷的時候。但即便時光飛逝、人事已非，Glen讓我體會到的友善卻是我永遠都不會忘記的。

6. 寶石洞穴（Jewel Cave）

Neo小手札

　　Augusta這一帶很單純，最熱鬧的地方只有一條街，一間郵局、一間超市、一間加油站、一間麵包店與一間DVD出租店，那是這裡的基本生活。當時我以為這是我見過最簡單的小鎮了。還記得那時候我們為了上網，幾個人常擠在一間DVD出租店裡，使用它附設的小網咖，這時我才訝然發現自己是這麼的依賴網路！

　　「既然來到了如此純樸簡單的環境，不如就開始度過一個沒有網路的生活吧！」

　　隨著這個想法的誕生，我開始花更多的時間在廚房做菜、出去慢跑、踏青。然後我回起在台灣的人們──給那些忙碌的現代人，如果你期待可以在度假時拋下手機、手錶與電腦，打工度假就是個最棒的機會，開始真真切切的的生活著吧！

　　Augusta Australia網站：http://www.augustaaustralia.com/
　　Baywatch Manor YHA網站：http://www.baywatchmanor.com.au/

遠離塵囂，
西南澳的慢活日記

慢活，
Augusta

我和Ken為了等待西南澳登斯波若（Dunsborough）的葡萄採收工作，我們一起在Augusta停留了一陣子。時間過得很慢，但卻是一種在台灣所無法體驗的慢活生活。

慢跑到河邊看成群的大嘴鳥，在河畔的車屋公園（Caravan Park）看小孩子咬著奶嘴盪鞦韆，看老夫婦拿著紅酒與高腳杯坐在河堤聊天。這是Augusta每天都在上演的悠閒生活。

騎腳踏車時，你可以發現野兔；散步在鎮上，每個人

1. 跟Paul和Carole
玩拼字遊戲。根
本是找死，但可
以學單字！

都會跟你打招呼；每一夜，滿天的星斗都在閃爍，南十字
星就清楚地耀然於眼前。在這兒，全身的細胞就會自動慵
懶下來，只有在慢跑時才會加快。

　　Augusta的Baywatch Manor YHA是我非常喜歡的
旅舍，是一座非常環保的建築：熱水來自太陽能，燈泡是
感應式開關，另外也是我第一次在澳洲發現有做垃圾分類
回收的旅舍。環境乾淨、居家，房內有電視，廚房是讓人
能好好練習烹飪的木式風格，客廳擺滿一整櫃的桌上遊戲
供旅客聚在一起玩樂，旅舍外圍更是一整片舒服的草地。
這麼棒的環境，價格卻很便宜，長住下來每天還不到四百
多塊台幣！

　　一天，我在廚房遇到了一對80多歲的英國老夫婦Paul
及Carole，他們夫妻倆到處環遊世界，享受美食，有時啤
酒有時紅酒，那幸福的模樣還真是羨煞了旁人。當他們要
離開Augusta時，送了我一支印有他們名字的筆作紀念，
然後就要飛去泰國玩。啊！如果人可以找到這樣相依環遊
世界的伴，到處慢活，那真是太美好了！

　　在登斯波若（Dunsborough），我與月光共舞。

　　我住的Beach Lodge Hostel，相隔短短幾步路的距
離，便是Dunsborough Beach，在這海邊，有時候還會
看到魟魚跟海星。不同的時刻，海會變幻成不同的顏色與
光景。望著海面，夕陽餘暉從我背後灑進海面，月亮在
海平面上，隨著時間緩緩升起，藍色、粉紅及橘色的漸層

慢活，
Dunsborough

2. 練習拳擊
3. 溫馨的圖書館

映入眼簾；夜晚月亮高掛的時候，海面上開出一條月光道路，難道這就是所謂的天梯？暗夜中，眼前一片空洞漆黑，只有一條天梯指引目光的去向，靜靜坐在海邊，舒坦而平靜。

住在海邊，每天的任何時刻，我都可以去海邊收集這份心曠神怡。

Dunsborough圖書館很小，沒有大城市圖書館那樣的規模，但是非常溫馨。那段時間，我幾乎每兩天就會到那邊報到，用網路、玩X-BOX、看雜誌、念英文，盡情享受這個圖書館的資源。而每次走去圖書館的路程上，都必須跨越一大片草地，説來也是一種運動及習慣。圖書館旁還有一座體育館，只要支付5澳幣就可以租用場地與設備，任由你在這邊打籃球、練拳擊、重量訓練及羽毛球等。

當然，我在這邊也遇到了一群友善的朋友，我們常常互相交換彼此煮的菜：Lily教我做菜、幫我剪頭髮；Dino則在我離開這兒的時候，特地做了「安心上路」三明治晚餐請我們，真的讓人很感動！而韓國人Kim教我很多韓語，情人節還送了我巧克力及卡片；日本人Tomoko則是一個很喜歡把自己夢境畫出來的人——美景若是湯頭，那

4. 可以玩電動、上網……還可以打麻將！

這湯裡所有的好料，就是遇見的每個貴人吧！

慢活的生活哲學，讓人慢慢感受，予人細細品味。我曾在背包客棧的留言本中寫到：「我在天然小鎮呼吸，每一口都充滿笑容！」

Neo小手札

一次，在我的部落格中有一位網友留言給我，說他看到了我在西南澳背包客棧訪客留言本中的留言，他特別把他翻拍了下來，還拍他在留言本裡對我的回應，一併寄給我。

世界之大，澳洲西南Augusta，這一個印度洋與南大洋的交界點——兩位台灣背包客在不同時空下，透過一本留言本而相會——我看到後，滿心歡喜地笑了出來。相信Augusta也在他心裡留下了很美的畫面。

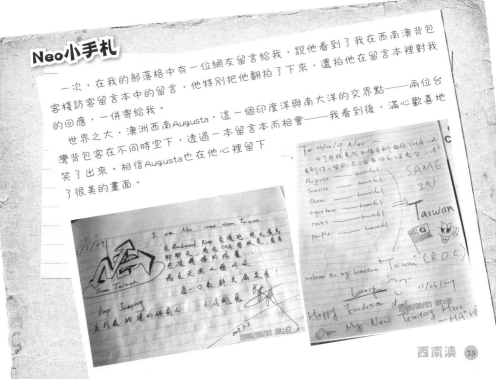

5. 帶我們去海邊的
   德國女孩
6. 海邊認識的朋友
7. 與比利時導演再
   度碰面
8. 一人一菜Party
9. Kim送我的情人
   節卡片,名字拼
   錯依然感動
10. 愛畫畫的日本人
    Tomoko
11. Dunsborough
    鎮週六的二手早
    市
12. Lily教我們做巧
    克力蛋糕

Robinvale Euston is Jewel of the Murr
This township have a visitors informatio
centre,Rural life museum, latest fishions,
Fish & Chips, Swimming
Boat ram AUSTRALIA
Golf clu
office, Ca
Working h tel, Grinders cafe, and man
many Vinyard Grapes fucking everywhe
By

維多利亞 VICTORIA

盥洗用河水，喝水喝雨水，
農場裡的好「野」人

在西南澳Dunsborough等待採收葡萄季開始的期間，我們一直期待著。但不斷地等待，卻讓人逐漸厭倦，冒險的心又開始蠢蠢欲動。

期間，我一直聽到從東岸的葡萄城Robinvale逃難到西澳的人們驚恐的說：「那邊等半天沒工作，聽說有人沒領到薪水。環境很糟，蒼蠅有夠多，根本就受不了！千萬別遇到某某工頭，非常機車！什麼？By contract？我以前做By contract一天才賺30多塊耶，根本划不來⋯⋯」

（編按：澳洲的農場打工工作多分為By hour論時計籌與

By contract論件計酬兩種。）

聽到Robinvale這麼惡劣的環境，又得知Dunsborough的工作即將開始，每小時18澳幣的收益不論怎麼想都比較划算。可

是一轉念間，想到另一個朋友說在那邊過得不錯，而且每天採，很多人論件計籌可是天天破百元！一時間，我心中的天使與魔鬼展開了一場艱苦的大戰。

但最後，卻是我的好奇心與冒險心勝過了天使與魔鬼──我想去體驗！我的背包生活應該繼續變動！兵都當完了，還有什麼環境我受不了？越多的「祝你好運」和「要小心」都更讓我堅定了前往Robinvale挑戰的決心。Live for nothing or die for something！

Robinvale位於墨爾本西北方約7小時車程。從Dunsborough搭5小時的巴士回伯斯，然後飛4小時以上到墨爾本，再轉搭4小時的火車到維多利亞的天鵝山（Swan Hill），最後坐2小時的巴士，我們終於到達Robinvale。

1. 橫度荒漠才能到得了Robinvale

農場裡的好「野」人

家裡爺爺是種田的，所以我一直認為自己是農家子弟；爸媽家中也有種菜，還種一些苦茶樹，每年收成一次。而我在研究所攻讀的恰好也是農學院的環境科學。總之，土壤對我來說特別親切，來到澳洲後，心理一直嚮往可以到農場生活；如今美夢成真，終於來到偏僻的廣大農場，真是開心極了！

農場超級廣闊，放眼望去全是葡萄園，如果說Augusta是偏僻小鎮，那農場就真的是鳥不生蛋狗不拉屎地與世界隔絕。除了葡萄、葡萄、葡萄外，就只剩下我們採葡萄的人。但這不是那種孤寂獨立，而是一種清心寡慾、悠哉生活的快樂，是種就算在田裡裸奔也沒人管你的自由。

當我們剛到達Robinvale時，因為員工宿舍住滿了，所以工頭把我們接到一間小木屋暫住。這真是驚喜！我跟Ken兩個人居然擁有一間小木屋耶！這比Share house帥多啦！

當晚，我們花了好幾個小時把厚重的灰塵清乾淨，好不容易才安定下來。深夜，我們把床墊搬到了院子裡的草地上，躺著看星星，兩個大男生就在這邊鬼吼鬼叫、胡亂唱歌。

不過美夢總是易醒的，隔天工頭就帶我們離開了這個暫時的居所，將我們安置到一位希臘老闆家的工寮，並且「好心」的告訴我們說這地方不用房租。不過當我們看到工寮時，那破爛的模樣……我想如果收錢我們才真的會嘔死！

但是這也好，來農場不也是為了賺錢存錢外加體驗冒險嗎？我們就在這工寮定了下來。希臘老闆說這工寮已經荒廢三年沒人居住，這讓我們兩人整整花一下午的時間澈底體驗。首先，我們用水沖洗整間屋子，接著把紗窗補一補，趕走幾百隻蜘蛛，最後我們再為它加上一些小裝飾。破敗鬼屋終於成了適合住人的溫馨小鬼屋，而且再這兒自

2. 特別待遇！我們的小木屋。

❷

3.4. 破舊鬼屋
5. 努力裝飾後的大門

由自在地隨我們亂搞，實在是因禍得幅啊！

　　不同於其他背包客都住在員工宿舍裡，我跟Ken兩個人住在這工寮相依為命，鄰居就只有老闆。所以在還沒開工前，我們就開始沒事找事做，一下子跟希臘老闆夫婦聊聊天、學學希臘文，一下子又是拿爛掉的葡萄、水蜜桃來對著夕陽打「爆破」高爾夫。另外，我們工寮前的大樹下有很多雜七雜八的寶物，大多是老闆孫子留下來的：滑板車、橄欖球、籃球、高爾夫球杆及腳踏車，每天都玩得髒兮兮地。

　　有時我們也借腳踏車在農場四周亂繞，或是騎去員工宿舍找其他背包客聊天。在這空曠的小天地中，烹飪、閱讀、念英文、看歐美影集，日子越來越輕鬆惬意。城市週遭的紛擾都在這裡消失，靜下心來，我們做著自己想做的事。成為心靈富足的好「野」人！

Neo小手札

　　由於農場廣闊，人口並不密集，所以也就沒有自來水的管線。農場裡的民生用水與灌溉用水都是用馬達將河水抽進來使用；而房屋屋頂也都架有集水器，可以將雨水收集起來——這就是當地的兩大水資源。

　　盥洗就直接從河水引用到水龍頭，烹飪及飲用的水就去雨水的蓄水槽那裡分裝。那陣子或許因為呼吸了農場的好空氣，又喝了大地之母的水，人都健康元氣起來了呢！

　　另外，想體驗農場，除了打工的方式外，也可透過WWOOF（World Wide Opportunities on Organic Farms）以食宿交換(Help exchange)的方式來進行。WWOOF是一個協助農場生產有機作物為目標的國際性組織，參與的國家非常多，台灣也有，是背包客在各國旅行省錢又可以體驗的好方法。想體驗農場生活的人可以透過每天4～6小時的農場勞動工作來換取在農場的食宿。相關的會員申請資訊可參閱澳洲WWOOF網站：http://www.wwoof.com.au/

我的希臘老闆

Kalimera！

「嘎里妹啦！」是希臘文的早安。農場生活通常天還沒亮就開始了。維多利亞這裡號稱一天四季——早上剛起床時，就像是遇到寒流，總是讓人捨不得離開溫暖的被窩；等到前往農場上工時，太陽緩緩升起，這時就可以感受到溫暖的春意；再過一下子，馬上夏天就到啦，每個人都是飆著汗在做事；直到傍晚時分，沁涼逐漸擴散，秋夜悄悄降臨，然後又回歸了冬日的寒冷。

我跟Ken就住在希臘老闆康先生家的旁邊，除了領略這一天四季的變化，也趁機體會了與希臘家庭一起生活的點滴。

希臘老闆夫婦非常友善，我先前從沒認識過希臘人，

1. 什麼都會修的康先生
2. 每天都在門口剝洋蔥的安琪拉太太

唯一的印象，反而是〈我的希臘婚禮〉這部電影。第一次認識希臘人，模樣真的很希臘呀！

　　希臘老闆娘安琪拉告訴我們，附近的水果想吃就自己摘，所以每天我們都吃好幾斤的葡萄、和超多的水蜜桃。而房子雖然老舊，但老闆娘為了讓我們住的舒適，特地拿了乾淨的枕頭與寢具給我們，另外又塞給我們一大瓶可樂跟四瓶啤酒；有時候，她還叫孫子送來冰淇淋或是雞蛋給我們加菜，真是超級好的！

　　老闆康先生跟我們說她女兒在Swan Hill鎮上有開一家Fish & Chips餐廳，他每晚都會過去幫忙。聽他這麼說過後，我跟Ken可是既好奇又嘴饞，一直很想跟去；所以有次我們乾脆在他汽車上留了張字條：「Let's go to Fish & Chips tonight! Neo & Ken」

　　而當天傍晚，他就來敲我們的門說：「Hey boys! Let's go!」

　　就這樣，從那次之後我們就時常搭著老闆的便車，到鎮上吃吃Fish & Chips或是採購生活日用品。由於和老闆聊天聊到熟了，我們也聽聞不少趣事：例如他們夫婦倆已經結婚47年、他們來到澳洲定居的故事……等，也趁機學了一些葡萄品種與其他作物的知識。為了感謝老闆一家人的友善，我跟Ken有時候會煮些水餃請他們吃，這就叫做

「受人點滴，應當水餃相報」。

　　雖然沒有住在員工宿舍，少了和其他一同打拼的背包客聯絡感情的機會；不過跟友善的老闆一家當鄰居，仍是一種幸運——少了人跟我們搶廚房與冰箱，我倆就更能好好練習廚藝；而環境的隔絕與孤寂，喝喝雨水、洗洗雨水，與自然說說話，和自己談談心，心裡都變得澄清了。

　　在農場所獲得的樂趣中，8歲、就讀小三的馬可小弟絕對功不可沒！

農場的孩子們

　　我們和他一起騎單車、玩滑板比技術，陪著他爬樹，或是一起去他的秘密基地玩。有時候我們會爬到水塔架上聊心事，原來他可是風靡校園的帥哥呢！或許因為他來自希臘，有股外國人的吸引力；又或許因為他是運動健兒，總是容易成為目光焦點。我問他為何放學後不跟同學們一起玩，他居然回答我說：因為在學校會被女孩們追逐，所以只想趕快逃回家！

　　平時我拿著英文小說坐在四輪大腳摩托車上閱讀時，

3. 馬可小弟
4. 大腳車競速狂飆

馬可會湊過來跟我聊天，拿出他遊戲王的卡片跟我獻寶，不然就是推薦我一些網站上的小遊戲。

馬可是個活潑的孩子。有一次，Robinvale鎮上有活動，入夜後遠處開始施放起煙火。由於農場平原遼闊，遠遠的，我們就可以欣賞到煙火。馬可的姐姐看到煙火開始了，就大聲呼喊他，洗澡洗到一半的馬可竟然就這樣光著身子衝出來看煙火，大家當場笑到不行；另有一次，馬可拿著痱子粉罐，惡作劇地到處往人身上灑。但由於太過得意忘形，一不小心痱子粉反而全倒在馬可自己的身上，整頭白的蠢樣，讓旁觀的眾人再度笑翻！

馬可的姐姐馬莉安也是個喜好嬉鬧的玩伴，在遼闊的農場裡，最過癮的就是飆著四輪大腳摩托車，和馬莉安、馬可、Ken或是Thomas狂奔競速，太過癮啦！跟這些小朋友們一起在農場當野孩子，不亦樂乎！當時26歲的我，赤子之心溢滿出來，笑得只有純真！

希臘家庭

和希臘家庭相處了一陣子後，我覺得希臘人似乎就像是我們台灣的客家人一樣，有勤儉的美德；與澳洲人重視休假與休閒的態度不同，他們可是非常拚命的。康先生白天忙完農場，晚上還要到女兒的餐廳幫忙，直到晚上9

點多打烊；而康先生兒子曼紐先生則是除了忙農場的事情外，還要到鎮上的IGA超市工作。農場每週只有週五休假，而即便休假康先生仍然會到他女兒的餐廳幫忙。擁有廣大農田的他們，開的車卻是破爛的老車，住的也不像附近其他農莊那樣豪華。而家族中所有人都會互相幫忙彼此事業的這點，就跟電影〈我的希臘婚禮〉是一樣的呢！

　　我很高興能遇到這樣的希臘家庭，讓我的農場生活特別不同。雖然到其他澳洲老闆那邊或許因為非家庭式經營的緣故，應該可以賺到比較多的錢，但這樣的希臘體驗卻是錢買不到的。

　　當我要離開這座農場的前夕，馬可小弟突然跑進我們工寮找我，問我說：「你明天要走了，對吧！」我點頭回應他，然後他很酷的轉身，丟下一句：「那……再見！」就要走掉。看著他，我明白這段時間以來，他其實已經習慣有我這個玩伴了，我的離開他一定很捨不得。於是我叫住他，給他一個大大的擁抱。

　　離開當天，我送了一個石頭項鍊給老闆娘安琪拉，一個木頭做的台灣鑰匙圈給康先生，當然還有我的Jump明信片。安琪拉說，如果之後工作不順遂、缺錢時，歡迎再回來這邊住。當我坐上工頭的廂型車，準備要去車站搭車時，安琪拉跟著跑過來塞錢給我，一開始我還我不好意思收，她卻說：「拜託，買個禮物給自己，不要忘記我們！」

　　我聽了好感動，馬上下車緊緊的擁抱著她，眼眶的淚水一直忍著才能不潰堤。在去車站的路上，望著窗外田間的風光，鼻酸酸的也心暖暖的。

　　雖然捨不得，但是背包客身分的我，還有後面的行程與目標要繼續前進。這人與人之間的交會與感動，是我始料未及的收穫，也是壯遊旅程中最美好的部分，不是嗎？

5. 我與康先生
6. 對我超好的安琪
   拉太太

Neo小手札

Fish and chips這是澳洲很常見的食物，很多地方都會有大大的招牌寫著fish and chips，也就是炸薯條與炸魚排，這是英國在澳洲殖民留傳下來的小吃，已經成了普遍的外帶食物，澳洲與紐西蘭也都很常見。薯條上面通常會淋上不同的醬汁，與我們在麥當勞沾著番茄醬吃的薯條不太一樣，到澳洲一定要嚐嚐看！

SMTM 一
葡萄、葡萄、葡萄!

在星光下長大
在陽光下採收

在澎湖當兵的我,當時一直認為澎湖的星空是世界上最美的了;但當我待在Augusta時,看到明亮的南十字星,我想或許已經無法找到其他能超越它的美。

可是來到Robinvale後,偏僻的農場,沒了山坡阻擋,沒了光害,Robinvale的星空卻是美到我已經不知如何形容。沒有遮蔽物,不需要抬起頭,只要往前方望去,任何漆黑的地方都是星星。微微仰起頭,星星更是多到無法細看,密集的地方甚至成了霧狀,流星更像是陣雨般不時劃過。銀河在天上漂流,我的讚嘆也飄到天上。每次觀

看這片星空，我的腦袋都只有淨空般的呆滯，如此才能容納這麼璀璨繁眾的滿天星斗。

紫紅的葡萄，
是我的血與淚

Robinvale的葡萄們或許就是在這樣的星光浪漫下長大，才會這麼好吃！

來到澳洲的第四份工作，是在農場採葡萄——葡萄有餐用葡萄（Table Grape）、釀酒用葡萄（Wineries）及葡萄乾（Raisin）等，不同種類的葡萄，其採收價格也不同；而這種論件計酬的方式，就唯有速度快才能賺到錢。只是速度要快，技術的熟練就是必然的，一開始的我可是因此吃了不少苦頭啊！

第一次採收紫色高檔葡萄，必須要把不好看的部分修掉，裝箱也要裝得漂亮，葡萄表面上的粉也不可以抹掉。想不到才開始沒幾分鐘，我就剪到手了，一把17澳幣的剪刀還真不是蓋的，這一刀下去剪得頗深，當場血濺葡萄園！

1. 第一天就剪到手
的瘋狂剪刀手

❶

但是因為才剛開始工作，我一心只想好好完成，為了怕一旁的老闆看到我受傷而要求我停工，我就偷偷地把傷口壓在牛仔褲上吸血，忍痛剪完一整個工作天──才第一天，我就澈底認識到：「採葡萄」聽起來浪漫，其實一點都不浪漫！後來的幾天工作中，還陸續被枯枝割傷、蒼蠅騷擾，而工作的內容也非常繁重，除了要驅趕昆蟲外，最主要的，還是要應付各種高度的葡萄樹，在經過各種蹲跪仰爬的採收姿勢後，全身各個部位都輪著痠痛。但是雖然每天都必定會把自己搞得髒兮兮，我依然樂於當個農夫。

論件計酬（by contract）的方式很妙，Robinvale這邊的行情，依照餐用葡萄的等級，採收一箱是1.5、1.8、2.5或是3澳幣；而製作葡萄乾用的葡萄一箱50分，也聽說有71分的。在來到這邊不久後，就時常聽到「傳奇」人物，聽說厲害的人可以一天賺到一百多澳幣，尤其是手腳俐落的女生才真正適合吃這一行飯呢！所以論件計酬代表著──能力越強，責任越高。喔，不！是錢賺越多！

但才新入門的我，當然不可能那麼厲害。頭三天，我採收的是一箱1.5的餐用葡萄，共賺80塊錢，換算下來，一天將近7小時的努力才賺到26澳幣左右。這時我不得不慶幸自己住得那破敗工寮不收錢，讓我才能以「食宿交換」的心態繼續打拼下去！

後來我改變策略，改而採收比較便宜但簡單的葡萄乾葡萄，不需要修剪與美麗的裝箱，就是瘋狂剪就對了！第一次採從早上7點採到下午5點，成果100箱，一箱50分，換算下來是50澳幣。雖然比先前好一點，但時薪仍只有5澳幣。這讓我不得不懷念起在伯斯的工作，一小時17澳幣的生活，和現在對比之下簡直天壤之別。

這樣的努力與報酬，一週過後Ken就決定要離開去坎培拉（Canberra）找朋友；而在這兒認識的香港好友Thomas也動了離開的念頭。最後經我強烈的勸說與信心

2. 全副武裝的Ken
3. 自稱老實的香港
　　人Thomas

喊話，Thomas還是留下來和我繼續打拼。

　　但雖然如此，我自己又何嘗不想離開，尤其Ken的離去更是讓我內心動搖。天人交戰之下，我卻忽然想起了之前在Dunsborough的一家義大利餐廳的應徵經驗，那時我對經理說：「我願意做一週無薪工作，就只請你給我一個機會，讓我證明你沒選錯人！」一想到當時那股連錢都不要的幹勁，現在的我又怎麼可以當個草莓族？我要當葡萄族！就算壓爛了也要當個好吃的葡萄乾！

　　果然，事情逐漸出現了轉機，人總是會進步的。到後來，我平均一天竟可以採到快140箱（70澳幣）！不過這還不夠看，Thomas一天至少也有150箱以上，而另一個東南亞來的泰山大哥他可是輕輕鬆鬆就採了188箱。自以為手腳靈活有如猴子的我，在台灣還採收過苦茶樹果實的我，這下可真是慘敗啊！

　　隨著時間的推移，又或許是搖滾MP3的加持，在陽光與空氣的調教下，在一樣的痠痛與時間下，我終於突破了190箱（95澳幣）的大關，雖然沒有達到傳說中的200箱以上，但是跟自己一比，我的速度可是快了將近兩倍呢！

　　另外我也漸漸體會到，葡萄園的好壞也影響了收入，有些葡萄園品質佳，採收容易，不太需要太多時間修剪，一箱的單價又高；還有葡萄藤架的高低，也影響了採收的

姿勢，進而影響了速度。當天的氣溫也會影響速度。總之遇到什麼樣的葡萄園，也要看運氣呢！

「消費者用眼睛買葡萄，而不是用嘴巴嚐葡萄」——這句話是希臘老闆康先生常常對我說的，也指出了葡萄消費市場的常態。大顆美麗的紫葡萄之所以最貴，是因為生長期需要常常澆水才會使葡萄又大，水分又飽滿；同時這還需要搭配上農藥，並透過我們人工把綠色、小顆的、爛掉的及不好看的修剪掉，去無存菁後便能保證剩下的葡萄可以充分吸取養分。所以價格貴也是如此而來。這種葡萄雖然好吃，但卻不是最好吃的唷！

葡萄乾葡萄樣子小，賣相不佳因此都用來做葡萄乾或是釀酒，然而不灑農藥的小綠葡萄，裡面含有的糖分非常充足，吃起來才是最甜美的。而曬乾後的葡萄乾吃起來就跟市面上賣的葡萄乾一模一樣，差別是加工過的葡萄乾是在工廠加了許多油脂與添加物，除了能提味保久外，也是為了增加重量。因為它是以重量來訂價錢的。

我個人最愛吃沒有農藥的葡萄乾專用小葡萄，當你咬下第一顆之後，你會忍不住一口接一口吃掉一整串！相信我！

❹

4. 為葡萄樹披上塑膠布

農場文化

　　依照澳洲的規定，農場工作滿3個月就能申請二次簽證，獲得在澳洲待第二年的資格。這也是很多背包客來農場的理由之一。

　　與我過去其他工作相較，農場其實不好賺，確確實實地全是血汗錢。而農場裡的工人，大多是越南、馬來西亞、印度、韓國、德國、英國及台灣人，卻很少看到澳洲人。為什麼？因為他們做老闆！老闆與工頭抽走了所有利潤，而最賺不到錢卻也最賣力的就是我們這些底層勞工。澳洲政府的二簽制度也就是這麼一個願打願挨的政策，善用了背包客資源紓解本國極度缺乏的勞力需求。

　　工頭文化也很妙，工頭就是尋找人力與支配人力的主管。他們有如仲介，把勞工集中在宿舍及工寮中，依照他所接到的訂單分配人力，在薪資中抽成；另外工頭們也藉由接送工人來從中賺取交通費。

　　一開始我一直對工頭文化很納悶，是不是因為澳洲農場的老闆們不太會使用電腦網路，或是沒有生意頭腦？否則只要上網張貼訊息，在充斥背包客的澳洲，其實根本不用依靠工頭為他們尋找人力。但後來我才逐漸了解到，老闆要專心務農與市場銷售等層面，所以要依靠工頭；透過工頭的照顧與接送，員工才能每週定期前往採買生活用品

與食材，或是往返各個農場。工頭是農場不可或缺的Key Man，這文化就是如此環環相扣。

如同先前所說（請參閱〈盥洗用河水，喝水喝雨水，農場裡的好「野」人〉），其實不少背包客對於Robinvale的農場環境印象並不好。但待久了，我才逐漸對農場的文化有所了解，那些所謂「待了兩三週卻都等不到工作」，其實不是主管愛騙人，而是因為季節、氣候等眾多的因素，以及人手調派等問題造成的，並不是單一地區農場的問題。所以像是Vine Power一類的水果採收人力仲介才會千便一律的回答你一樣的話：「應該是下週開採！下週再來！」

同樣的問題，在我剛離開Dunsborough時也正在上演著。當時Margaret River一帶的葡萄正要開始採收，雖然我最後決定離開而來到Robinvale，但仍是陸續收到Dunsborough的仲介所傳來的簡訊，內容所述也是常常變卦──一下說下週一採，一下卻又忽然取消──這其實真的不是仲介的錯！試想，如果老天爺臨時下雨，就算淋雨採收好了，在不適當的溫度與陽光下被採收的葡萄，品質一定會大打折扣！這些葡萄產區的紅酒價格不菲，如Margeret River的紅酒一瓶20澳幣以上，自然也是源自於葡萄果實的品質優良嘛！

不過就是因為天氣、農場、老闆與訂單等多項不確定因素，造成了管理人力的工頭必須隨時用充滿「希望」的方式盡可能的留下背包客人力，否則如果坦白地說：「我不知道何時開採」，不就等於是請這些飄浪的背包客趕快前往下一個目的地嗎？而如果人力儲蓄不足，當老闆臨時需要30個人手時，調不出人力可就代表著葡萄得等著爛掉啦！

所以如果有朋友對農場工作抱著興趣的話，建議你不妨在產季中才進入農場，這樣絕對會有工作等著你；但如

果在產季開始前就衝去卡位，那就要先做好「感覺」被騙或是被天氣捉弄的心理準備。

　　農場沒有錯，葡萄更是無辜，葡萄的採收也是有如米粒一般，粒粒皆辛苦呢！農場的工作讓我體會許多，而我想其他地區、其他作物的農場或許又有另一種微妙的生態。

　　農場生活值得推薦，有機會一定要去體驗看看。來到農場，人是單純點好。多給自己一點時間精進採收技術、多吃點葡萄、多吸吸新鮮空氣，當你成為一個能夠享受大

自然恩惠的農人時，那麼你就能體悟到辛勤收穫時不自覺展露的笑容。

　　這些葡萄教我的事，我銘記，未來在超市買葡萄吃時，我會更加感恩！而當我達成一天收入破百的目標後，我便決定往北移動到下一個城市Mildura去看看，原因說來也簡單，不過是因為看到一本介紹它的手冊很精美罷了。做好決定，訂了一週的背包客棧，Mildura我來囉！

Neo小手札

　採收葡萄需要哪些工具呢？

　剪刀：採葡萄的專屬生財工具，只有葡萄乾還有釀酒用的葡萄可以不直接拉扯，但是有剪刀還是輕鬆多了。

　防蠅網：澳洲鄉下與郊外，蒼蠅很多，沒有防蠅網保護你的頭，大量蒼蠅搶著要親吻你，絕對讓你困擾到不行。

　鞋子：在農場泥土地上要穿著堅固耐操的鞋子。而由於工作中絕對會弄髒，所以破舊的球鞋、硬靴或是雨鞋即可。

　其他選配物件：任何讓你在工作中加分或舒服的工具，例如手套、袖套、遮陽帽、防曬乳液與mp3等。以上物件有些工頭會提供，有些前輩們也會傳承給剛來的人，而在農場附近的商店也都很容易買到。

　另外提醒，論件計酬的工作都沒有特定休息時間，所以你可以隨時停下來喝水休息，中午吃飯通常都直接在農場找陰涼處休息，大多會帶三明治或是乾糧較為方便。

SMTM－人要衣裝，酒要瓶裝－酒莊貼紙手

夢想構築在經濟基礎上，所以賺錢這件事非常重要；然而從工作中獲得的體驗卻又比金錢還要來得可貴。而這份酒裝貼紙手的工作，也是很棒的經驗。

來到Mildura後，我前往Tall Poppy的酒廠為酒瓶貼貼紙。由於該葡萄園的酒外銷全世界，所以針對每個國家對酒瓶上標籤的標示與法規的不同，我們就要貼上不同的貼紙。我這次負責的是一批外銷加拿大的酒瓶，所以要拿印有該公司網址的貼紙，把原有標籤上的一行字蓋住。這工作說來簡單無聊——把箱子打開，把紅酒一支一支放上架

上，貼完貼紙後再裝箱——如此這般，能得到這麼輕鬆的工作，我們可是笑咧嘴了呢！

　　Rowan（英）、Ian（英）、Davy（法）及我（台灣）四個人分成兩組，一組兩人，其中一人負責把紅酒排列在架子上，另一人負責把貼紙貼上去，然後排列紅酒的人再把酒裝箱。

　　室友Rowan總是和我一組，所以我們倆的感情特別好。我常開玩笑把我們房門號碼13取做樂團名稱，說我們是台英兩國合作的樂團——知名搖滾樂團「Room 13」就此誕生！另一位室友Paul想當然耳是樂團成員之一，而Rowan的女友Amada就莫名其妙的被我們指定為樂團歌迷俱樂部的會長。在宿舍的活動中，不論是打桌球或是任何比賽，我們三個男生總是打著「Room 13」的頭銜驕傲嗆聲：「我們是Room 13、住在本hostel的頭等房，已經出了無數專輯……。」不過我們這地下樂團可是非常地下的，是地下樂團中的地下樂團，只有背包客棧的人們才會知道，哈哈！

1.箱子也要貼
2. 擺好貼貼紙

③

各國的
工作文化

3. 超讚的工作！

在動作有如機械人的繁複工作中，聽音樂、唱歌還有兩組比賽裝箱速度，變成主要的娛樂。另外玩玩文字接龍或是努力地亂聊天，是標準的「殺時間」。

在澳洲體驗工作，可以清楚感受到不同國家的工作態度。之前在Qantas機場還有水管工廠的工作，老闆都是澳洲人，從他們身上可以明顯感受到澳洲人重視休息、重視勞工地態度。在Tall Poppy工作時也是標準的澳洲模式。早上下午各有一次Tea time，老闆會叫我們休息，請我們吃巧克力蛋糕還有喝咖啡，而蛋糕口味每天都還會貼心的做變換。休息時，大家聊聊天，工作情緒就會變得愉快；而聊天時老闆都稱呼我們Gentleman（紳士），也很熱心地問我們的旅遊經驗與各國文化，使我們倍感尊重。

而之前採葡萄的希臘老闆，雖然熱情友善，但或許是希臘人非常勤勞，所以工作時會更加要求，不得鬆懈；另

外，在Mildura的農場採收葡萄時，也遇到過越南老闆，他把勞工編成編號，我叫做No.4，我的日本朋友是No.5，稱呼我們時都不用名字，而是直接叫編號。有一次我問老闆：「你不用知道我們的名字嗎？」他卻說：「不需要」。在他眼裡，我們就是一群採葡萄的奴才，一百多個工人也不差幾個，所以隨時可以聽到他在咆哮罵人，做不好就滾蛋——那種感覺真的很糟，而如此不尊重人的農場自然也留不住人。

總而言之，在一次次的工作經驗中，我感受到各個國家的工作文化的不同。如果有一天我有機會成為主管或老闆，我想，我會拿出在澳洲學習的經驗，塑造出一個愉快又能激勵人心的工作環境，氣氛好、人也開心，工作效率更能提昇。這樣不是很好嗎？

話說回頭，貼貼紙工作稅前時薪是17.51澳幣，每天做約8小時；而最重要的是，這間公司有個傳統——「每天下班時每個人可以免費帶一支自行挑選的紅酒回家」——我真是愛死這工作啦！

Neo小手札

澳洲盛產葡萄，知名酒莊林立，我對於紅酒的認識也是因為背包客旅程才稍稍涉獵。在澳洲，許多Bottle shop（酒類專賣店），都可以找到箱酒，是大公升裝的紅酒，價格便宜實惠。在背包客朋友一堆的情形下，這種大包裝最是經濟，且易於分享；而這種紅酒還可以用來烹飪牛肉，讓人大飽口腹之慾。

另外在澳洲並不像在台灣一樣，可以很輕易的在便利商店買到酒精飲品，通常酒類飲品只在酒類專賣店、酒吧與酒莊才有販賣，而且嚴格規定只有成年人才有資格購買。所以購買時請記得一定要攜帶證件，尤其東方臉孔對西方人來說總是顯得稚嫩年少些，因此亞洲人很常被要求出示證件，但如果這時剛好沒帶證件那可就遺憾啦。

箱酒

MILDURA
INTERNATIONAL BACKPACKERS FOOTBALL TEAM

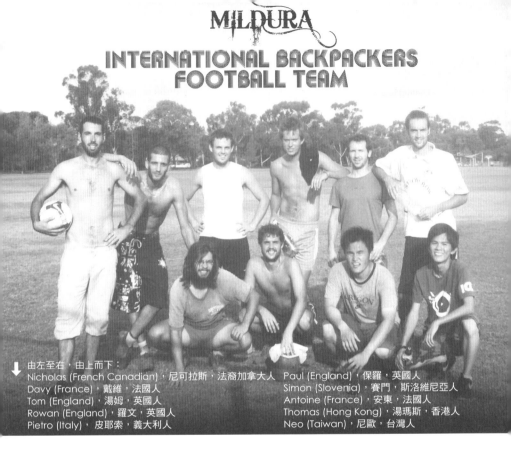

由左至右，由上而下：
Nicholas (French Canadian)，尼可拉斯，法裔加拿大人
Davy (France)，戴維，法國人
Tom (England)，湯姆，英國人
Rowan (England)，羅文，英國人
Pietro (Italy)，皮耶索，義大利人

Paul (England)，保羅，英國人
Simon (Slovenia)，賽門，斯洛維尼亞人
Antoine (France)，安東，法國人
Thomas (Hong Kong)，湯瑪斯，香港人
Neo (Taiwan)，尼歐，台灣人

球是這樣踢滴！
聯合國背包客足球隊

由於讀研究所時受到朋友的影響，我開始熱愛足球。雖然對足球的認識還不夠，但就喜歡到運動餐廳隨著比賽一起吶喊，看著射門進球後瘋狂亂叫。在台灣這片足球沙漠中，要買到足球衣、燙號、繡臂章、踢足球及看足球其實真的不是那麼容易。

來到澳洲後，這次我真的可以用我的眼看足球，用我的腳踢足球，和一群來自世界各地來的人一起玩！

在Mildura我認識了一群好朋友，我們大約一週踢一次足球。只要有人臨時起意，說走就走！一大群男人像孩

1. 陽光、草地、奔跑

子似的開心地擠滿了休旅車,然後就前往附近的草地球場
──踢·足·球!

　　歐洲人跟英國人從小就踢球踢到大,球似乎是黏在他
們身上一樣來去自如,每個人對踢足球都非常拿手!由
此可見,那些可以成為職業球員的人,一定是高手中的
高手。

　　5對5的比賽,通常分成「歐洲隊」與「亞洲－英國
隊」,我就跟英國人同一隊,是中華隊代表!雖然我球齡
最低,技術也說不上好,但是當你很專心地與團隊配合,
不放棄的拚搏精神絕對能贏得大家的尊敬。

　　踢足球前我們會稍微熱身,有時候是亂踢,有時候則
是大家圍成一圈互相傳球。圈子裡會有個人當鬼,他要想
辦法斷球、或是搶球,而被鬼搶去球的人就要被罰當鬼,
就這樣反覆進行。

　　我們這群聯合國的足球隊,玩得是Free ball,沒有守
門員,你可以把球踢到一旁的鐵網讓它反彈回來繼續踢,
界外線也只是大約衡量──總歸一句話,只要努力把球搞
進球門就對啦!

　　比賽中,會出現各國的語言,「阿勒!阿勒!」、

「GO！GO！GO！」、「加油！加油！加油！」陽光下，草地上，揮汗奔跑，我真是愛死這種感覺！我想我會待在Mildura生活這麼長的時間，足球是很大的原因。

幫我們拍第一張團體照的，是號稱我們足球隊女經理──里昂小姐。大家都很喜歡這照片，連Mildura International Backpackers的佈告欄也貼著一張。

因為足球，大家的友誼就這樣像足球一樣，圍成了一圈！

Neo小手札

當組成一個隊伍後，情感就會快速加溫。我們隊中的那位英國先生保羅（Paul），是我的隊友也是我的室友，幾年後，Paul到台灣找我玩，為了一盡地主之誼，我帶他去看101、逛師大夜市、爵士吧聽音樂還有吃鼎泰豐，久違的我們在敘舊中都很想念這段一起踢足球的時光。

有趣的是，台灣雖然充斥著特色民宿與各種飯店，但Paul來台灣時還是住進了背包客棧，我想這就是正港的背包客本色吧！

Easter Holiday，
復活節城市尋寶戰

復活節是什麼東西呀？

以前雖有耳聞，但我從來沒慶祝過復活節。在澳洲，復活節是很重要的連假，我住的背包客棧還舉辦了一場尋寶競賽（Treasure Hunt Competition），所有的人都共襄盛舉，好不熱鬧。規則很簡單，每三到四人一組，領取指令後出發，在Mildura城市裡找尋所有答案與寶藏，時間限定約兩個多小時。最後回到客棧後就可以享用BBQ。

當然，我們Room13的團員Neo、Rowan及Paul很自

1. 分組中比賽準備
   開始

然的就成為一組，互相擊拳後，開始Rock'n roll！

　　背包客棧的老闆與工作人員John與Ian設計的題目很妙，讓我們透過比賽，走遍整個Mildura市中心，而且還不只是走馬看花，要留心觀察找到藏在環境中的答案。透過遊戲，接觸當地文化，接觸人群，了解當地歷史，欣賞街道風情，這個活動真是太讚了！

　　Treasure hunt要尋找的寶物很多：鳥類羽毛、南瓜仔、四種不同廠牌的啤酒瓶蓋、背包客常閱讀的TNT雜誌、麥當勞餐盤下墊的紙、Mildura的旅遊指南、樂透、一家酒吧的杯墊、Mildura workingman's club的會員申請單、Coles結帳收據一張、V-line巴士時刻表、二次簽證表格、計程車司機的車牌號碼與司機簽名……等，每個寶物的分數都各自不同，而其中最難拿到的是Sunraysia Daily報紙，因為該報週日不出刊，而比賽這一天偏偏是週日；同樣難度的還有Mildura圖書館借出的書籍，因為比賽當時圖書館已經關門了。不過我們Room 13可也不是省油的燈，所有的寶物可都被我們弄到手啦！

　　而另一個重頭戲——回答問題，則是要依照題目的說明，走到指定的街道，從該處的建築、廣告、甚至一草一

木找出答案。題目如下：

　　Mildura大水塔的水可以容納幾噸的水？（所以我們就必須去水塔看標示）

　　Matt H的愛人是誰？（答案藏在電線竿上的塗鴉：Matt H loves Stevie）

　　Who will keep you running?（答案在輪胎行招牌上：GOODYEAR, We'll keep you running！）

　　某小學委託的保全公司的電話號碼？（於是我們就得去造訪那座小學）

　　Honor Roll Great Wall是在西元幾年開始與結束？（答案就寫在紀念碑碑文中）

　　而讓我們卡住最久的是這題：1 become, 2 become, ……How many？

　　這題目讓我們推敲良久，搞了半天才發現那是指鐵軌交會，由一鐵軌分支2組，最後變成4組，所以答案是4！

　　這個遊戲要求的是敏銳的觀察力，和不錯的英文基礎。Rowan及Paul都是英國人，英文題目中的話中有話他們當然能夠輕鬆應付；而我因為經常騎單車在市區裡晃，對街道建築或是地標都很有印象，看到題目多半都能立刻

指出正確地點。我的觀察加上Rowan及Paul的英文，三劍合璧，Room 13很快就把題目與寶藏通通搞定！

當最後每一組都把答案與收集的寶物交給大家長John計分後，結果出爐——即使我們Room13是最後一組出發的，但我們仍舊拿到第一名！The Winner is……Room 13！咿～哈！

Treasure Hunt Competition的獎品是電影票。所以幾天後，我們三個人就一起去看電影，而那天整個戲院就只有我們三個人，那感覺就像把電影院全包下來了，真爽！不過由於當時的我們大多在務農打工，平日的工作累壞了，所以當天三個人全都看到睡著啦。

順道一提，澳洲電影院的電影都沒有字幕，也是練習英文聽力的好機會。

Neo小手札

基督徒紀念基督復活的日子被稱作「復活節」，這也是復活節的由來。蛋象徵著生命的復活，所以歐美的復活節常有許多「蛋」的活動，像是彩蛋的繪製、尋找彩蛋的遊戲。據說復活節當天找到越多彩蛋的小孩，也就代表新的一年會過得更平安快樂，而歐美各國也都有發展出許多相關的活動。

背包客棧的老闆John，很用心的利用這個節日，應景地發展出尋寶活動，不但讓我們有了一個好玩的午後，也讓我們更加融入Mildura這座城市，同時也讓我們體會到復活節的真正意義——重生。那充滿生命力的態度，也是背包客的精神：透過旅行的實踐，讓自己生命宛如重生。

SMTM一缺角七號，國境之「南」「瓜」呱叫！

踩南瓜

吃過南瓜派、喝過南瓜湯，看過萬聖節邪惡南瓜頭，但就是沒採過南瓜。以前爺爺家田裡偶爾會出現一兩顆大南瓜，但是南瓜田到底長什麼樣子呢？

到Mildura之後，發現這邊工作機會頗多，而我的第五份工作就是在這邊「採‧南‧瓜」！

採南瓜是一個團隊合作的工作，用不著任何的剪刀或是工具。把田裡的南瓜摘起來後，往兩側一擺即可，之後會有車子來載，那時再把兩側收集到的南瓜往車上搬。

在上工前就聽說，南瓜因為要彎腰採，而且非常大、

非常重，所以工作起來一點也不輕鬆；尤其是把南瓜抬上車裝箱時，如果剛好又碰到烈日，那絕對是個辛苦工作。有了心理準備後，我們開始真正體驗這份辛勞。我們這群國際採南瓜團一共8人，5個法國人、一個英國人、一個德國人以及我這個台灣人，2人負責一條路，每天一大早就開著背包客棧提供的廂型車，載著腰痠背痛的勇士們，出發！

南瓜又大又重，實在讓人不願意去抱它，但是偏偏我們的工作就是要一直搬運南瓜。雖然我們發現用力把南瓜踢到兩側，可以減輕很多背跟腰的負擔，但是這麼做老闆可能會不高興，所以我們只好一直彎腰埋頭苦幹；後來，老闆也跑來看我們的工作情況，順便現場操作，講述經驗，並教導我們哪一些太綠不要採。而這時候我們才發現

1. 南瓜田
2. 農場寵物1號—袋鼠？
3. 農場寵物2號—愛撒嬌小狗

——老闆從頭到尾都是用腳踢的！哈，有樣學樣，我們後來也都改成用腳踢。不過腰、背的負擔雖然減輕了，但腿卻變成「鐵腿」，那些南瓜可真是笨重的可惡！

不過說到踢南瓜，南瓜怎麼踢？首先用掃堂腿把葉子藤蔓雜草給踢開，一發現成熟南瓜便往它的梗上端，梗就會斷掉，最後再把南瓜踢到側邊。一開始踢很好玩，但是持續幾個小時之後，就不再是周杰倫「哼哼哈嘻，漂亮的迴旋踢」啦！

不過採南瓜，原來是用腳「踩」！練練腿力，或許對我往後旅行長途奔走有所幫助呢。

飛天南瓜

南瓜農場的老闆是個澳洲人，就如同先前的經驗一樣，遇到澳洲老闆絕對是倍受禮遇。早上做到10點就叫我們休息15分鐘，一旁已經準備好烤好的三明治與果汁等著我們；傍晚下班時，每人再發一瓶墨爾本啤酒喝，C'est la vie！C'est la vie！（法文：這就是生活！）

不過老闆雖然好，工作依然是辛苦的。踢完南瓜後，接著就要把南瓜抬上車、裝進大箱子，這是工作中最累的

4. 收工的啤酒
5. 三明治時間

一部分，也是鍛鍊手臂肌肉的好時機。一部分的人先上去車上接南瓜，其他的人則在田裡把南瓜撿起來往車上丟，南瓜就這樣飛來飛去，像一堆橄欖球在田裡飛舞，挺好玩的；只是如果沒接好，那可就變成被鉛球打到一樣，痛得很！那個當下就會開始想念起踢南瓜的部分啦。

這片田，我們這群人花了一週的時間才採收完成，而這份工作也就只進行了一週。雖然短暫，但那身體的勞累卻讓人深刻於心；雖然累，但愉快的工作情緒，團隊合作的感覺，還有辛苦工作之後，那瓶冰涼的啤酒，至今依然令人懷念。

南瓜南瓜幾毛錢？

這份工作是算時薪的，一小時稅前稅後都是17澳幣，因為直接把稅金折現給我們，所以實拿就是17澳幣，真是值得再次大呼：「C'est la vie！」

這批南瓜在市場的價格是每公斤3澳幣。而在南瓜田工作的我們，則在每天下班後可以免費帶走一顆大南瓜──喔，天阿！這一顆大南瓜到底要吃幾天呢？

經過這段工作後，往後每在超市看到南瓜，我不會想

6

6. 一箱箱的南瓜

7. 南瓜裝箱時特別
　辛苦

到價格，不會想到南瓜的口感，而是會想起用腳踢南瓜的
記憶還有南瓜漫天飛舞的場景。原來人跟作物的情感，就
是這樣建立起來的呀。Funky Pumpkin！

Neo小手札

　　採收南瓜的工作主要都只招集男性從事，也非常辛苦，是個團隊合作的粗
重工作。
　　而由於採收南瓜通常希望可以盡量避免在烈日下進行，也希望在短期間內
就把整片瓜田採收完畢，所以會在清晨天還沒亮就開始，也因此必須面對劇
烈的溫差變化。建議要前往南瓜田工作的朋友，穿著要有彈性，從內到外分
別是短袖、長袖再來是薄外套；同時因為南瓜田都是藤蔓與雜草，穿長褲比
較適宜。清晨到中午，隨著沁涼到炎熱，逐漸把外衣脫掉即可。到了傍晚收
工過後，氣溫又迅速轉涼，這時就要陸續把衣服穿回。

CSI謀殺南瓜現場

好幾個夜裡，我捧著一顆大南瓜走向背包客棧的交誼廳，然後對著大家吶喊：「Ladies and gentlemen！ Tonight！ We kill the pumpkin again！」(各位先生女士，今晚，我們再度殺南瓜啦！)

然後大家開始歡呼，有人拍桌子，有人胡亂鬼叫，大家開始期待ing！

採南瓜的工作十分令人難忘，而南瓜採多了，當然也要料理一下南瓜囉！採南瓜這一陣子，因為常常抱一顆南瓜回來，所以我的房間床底下總是堆著好幾顆南瓜。連續好幾天，每天殺一顆煮湯，沒事煮一鍋，朋友生日也煮一鍋，後來就逐漸演變成了烹飪比賽。澳洲的料理東西軍正

1. 挑戰者Inke
2. 齊聚一堂喝南瓜湯

式開始。

德國女孩Inke對我煮的南瓜湯很有意見，她覺得我的南瓜湯不夠濃稠——我想我能知道她說在什麼，因為我以前在美國曾買過南瓜湯來喝，既濃稠又超級鹹，根本不是湯，是南瓜醬才對！所以她們歐美人所認知的南瓜湯大概就是那樣黏黏稠稠的。

我當然也要解釋我的立場，咱們亞洲人喜歡喝的可是香醇的「湯」，我媽煮南瓜湯也是一塊一塊的南瓜，沒有把它弄成泥，咀嚼起來特別有口感。解釋半天，但她卻一點也沒聽進去，最後她決定跟我挑戰，換她煮，讓大家來評分！

好呀，我澳洲阿雞獅當然大方接受她的挑戰，就這樣我們宿舍的人大飽口福，連續好多天，每天夜裡都有熱呼呼的南瓜湯品嘗。

比賽比了兩輪，有時候明知她吃素，故意氣她，弄一大鍋超豪華火腿南瓜湯；而她隔天就刻意煮了超級濃稠的咖哩蔬菜南瓜湯來回嗆，非常有趣！我最得意的作品，是把蕃茄、玉米、紅蘿蔔、些許牛肉條、切丁火腿、大量起司、牛奶、馬鈴薯等，加上Neo秘密獨家配方，熬煮而成「南瓜殺手大絕招湯」，人人續碗，供不應求，中華隊勝！德國隊落敗！YA！

在這樣的良性競爭下，大家都很開心，好玩就好。Inke的南瓜湯當然也很好喝，不過卻苦了南瓜們，天天

都在上演CSI謀殺南瓜事件。

　　就這樣，南瓜湯成為背包客棧裡，平時不可或缺的一項美食，而我在離開這間背包客棧的時候，還在牆壁上簽了名，上面寫著「Pumpkin killer」（南瓜殺手）。

　　「Ladies and gentlemen！ Tonight！ We kill the pumpkin again！」希望這樣的聲音可以繼續迴盪在這間背包客棧，讓每個路過的旅人都留下一段懷念的時光！

Neo小手札

　　澳洲阿雞獅Neo私房南瓜湯食譜：

　　1. 將南瓜切碎放入鍋中以水煮沸，這個階段最花時間，要耐心等候，直到南瓜變軟。

　　2. 加入喜歡的食材（洋蔥、蕃茄、玉米、紅蘿蔔、肉絲、切丁火腿、起司、牛奶、馬鈴薯等），烹煮到熟。

　　3. 添加調味料（胡椒、鹽或是香料）。重點來了，要慢慢加，加一點之後攪拌，然後試喝看看，不足再繼續加，以免太鹹，邊煮邊喝，就是好喝的秘訣。

　　4. 除非只有給自己喝，記得試喝的時候，要注意衛生，每次試喝完都要洗試喝湯匙，以免口水回鍋。

　　5. 與背包客分享的快樂，勝過獨自擁有，一同享受南瓜湯吧！

　　煮南瓜湯就是這麼簡單，營養價值也很高，在我結束旅程回到台灣的隔天，我就料裡了一桌的菜給全家享用，當然一定少不了南瓜湯。

維多利亞　**117**

SMTM－今天，
請叫我街頭藝人！

突發奇想

旅行至今，常常看到街頭上的表演者們，他們展現自己的興趣、宣揚自己的理念，無論是音樂，還是畫畫，或是奇裝異服地把自己當成一座雕像，這些勇於表達自己、展現自己街頭藝人，常常讓路人會心一笑，給人們帶來一天的好心情。

其實在台灣的時候，每當看到街頭那些忘我演唱的歌手，或是穿著自己喜愛動漫角色的Cosplay者，曾動過這個念頭：「我是不是也能嘗試當個街頭藝人呢？」

在Mildura的背包客棧，我認識了一位從香港來的

Sarah。一天下午，當我正隨意彈著從別人那兒借來的吉他時，她突發奇想，叫我用吉他為她刷一些節奏，她想隨著節奏伸展肢體，用舞蹈展現一些意念，順便運動運動。

　　一開始我很納悶，實在很少見到有人主動跳舞給大家看的，基於好奇，我也就試著配合她，開始隨意刷著和絃；沒想到下一秒鐘，她就開始恣意擺動身軀，旁觀眾人都驚訝於Sarah那種忘我投入的舞蹈。觀察她的舉手投足，一時之間也說不出那是哪一種類型的舞蹈，只是那畫面就如同雲門舞集的表演一樣，律動的伸展隱藏著寓意，不知不覺間，音樂與舞蹈漸漸地將背包客棧裡的人們聚集了起來，大家都在觀賞Sarah的舞蹈。

　　從那次開始，我們偶爾都會這樣子玩。而我的心中也漸漸有了想法：「或許，我們可以走上街頭，厚著臉皮大

1. 將背包客們的祝福作為表演的一部分

玩一番！」；而當我説出這個想法時，Sarah居然也同意了——衝動讓我開始了Working holiday，衝動也讓我實踐了許多目標。而這一天的衝動，讓我體驗了一下午的街頭藝人！

　　Sarah不僅認同我瘋狂的想法，她自己更提供了很多的創意。討論之後我們向背包客朋友們借了一堆代表背包客的物品：睡袋、工作鞋、寂寞星球、葡萄、南瓜、帽子……等，並請物品的擁有者寫上名字與家鄉的國度，讓他們為我們的演出加持。而演出的形式就是平時在背包客棧裡的玩法，用音樂節奏與肢體舞蹈配合，混雜著靈魂與意念，用我們的藝術來表達「背包客的生活」——開朗、熱情，打開雙臂擁抱新鮮事物，用心在異鄉生活。

　　找好一個舒服的地方，布置好收集的東西，表演就開始了。我先從很慢的抒情和絃為起點，Sarah的動作也緩慢的擺動。剛開始時，觀眾只有跟隨我們一同前去的三位朋友，但是隨著節奏逐漸加快，經過的路人也開始注意到我們，紛紛駐足觀賞。

　　節奏越來越快，Sarah也越舞越狂野。一開始我還有點難為情，但看到Sarah完全忘我的舞動，一點也不害羞，讓我像是吃了定心丸，決定厚著臉皮豁出去啦！放下害羞後，我們兩人盡情地演出，Sarah跟著我的節奏舞動，我也跟著她的擺動而讓旋律有了不同的變化。看到朋友望著我們的笑容，我知道，我們已經漸入佳境。

罰單？什麼？
贊助！

　　正玩得忘我，突然有個西裝筆挺的黑人先生走過來叫我停下，看起來就像是某個官員或是市政府單位的人——當下我還以為是因為沒有申請，所以要吃罰單了——頂著一副做錯事的可憐模樣，正打算跟他説明，想不到奇妙的事就這麼發生了！

　　他説：「別擔心，你們表演的我很喜歡！」

　　原來他竟是Mildura City Heart（市中心）的

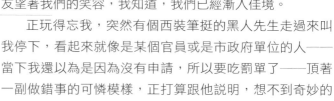

2. 還以為是要吃罰
   單啦

Manager，他希望我們往後能在中午午餐時間出來表演，為這個城市的形象加分，而Mildura City當然也會給我們薪水：中午表演半小時，一人的酬勞約是20澳幣。一邊解釋，他一邊還遞上名片，同時順便提醒我們注意不要阻礙緊急用路等規定。這真是天大的驚喜啊！Big Surprise！

　　以前走在路上，看到街頭藝人的表演總喜歡湊上前看。如今成為了表演者，從這角度看出去的世界，真的很不同呢！

從表演者的角度
看世界

　　彈吉他的同時，我看到正對面店家的櫃檯小姐一直盯著我們看，連客人要結帳了她都沒注意到，還是客人拍她的肩膀她才意識到而趕緊轉身服務；還有店家的玻璃櫥窗裡站了好幾個專櫃小姐，一直透過玻璃往外看著我們表演，當時我想：「玻璃隔著哪聽得到我彈的吉他啊，快翹班出來看吧！」

　　路過的人當然也有不少駐足欣賞的，有人拿出手機對我們拍照，有人跟著我的節奏一起手舞足蹈，有人會心一笑，也有人露出一臉狐疑。坐在這裡，刷著吉他，我已經不再緊張。睜大眼看著路人的表情，我舒服地享受這一

友情無價

刻。我們就是自己的Super Star！

　　很多背包客朋友都知道我們計畫要出來表演，所以表演到一半時，他們紛紛過來相挺。有人買冰淇淋請我們吃，有人在一旁側拍，有人在旁鼓掌起鬨，也有人加入我們表演的行列。大家就這麼一起玩了起來，在街上開心玩耍，連路過的陌生人也一起跳舞、一起打著節拍——這一刻，我真的非常感動，原來當街頭藝人的快樂就是這樣簡單而精采。

3. 盡情享受表演
4. 越玩越瘋狂
5. 從表演者的角度
　看世界

　　結束時，我室友專程開了客棧的廂型車過來載我們大家回去，省了大包小包提回家的辛苦。雖然這一場饗宴，真正丟錢到帽子裡的人不多，但是這一下午我卻賺到了更多讓人深刻的情感與畫面。後來，我們並沒有答應當地市政府的邀約而繼續當街頭藝人，因為當時我還有穩定的南瓜採收工作在進行。而我跟Sarah也覺得，那一天的表演，已經夠滿足啦。

　　首次嘗試當街頭藝人非常成功！永遠難忘！

6. 令人感動的朋友們

Neo小手札

　　經過這次經驗之後，得知在澳洲要當街頭藝人，是需要申請執照的。每個地區的規定都不同，但都大同小異。想知道確切在哪個地方申請，只要詢問當地的遊客資訊中心（information centre）就可以得到答案。

　　申請通常並不困難，填寫一些資料、接受面談，讓機關了解你表演的項目與內容就可以了；再來他們會告知你相關的規定，例如：表演時不可有燃燒行為、不能在同一地區停留超過半小時而影響附近店家等；最後就是繳稅金，金額依照表演的天數而定，一天約2～5澳幣。完成之後便會發放核可文件，請記得在表演時務必攜帶，以利查核。

Jazz饗宴，
暗藏咖啡廳的樂器行

1. Jazz Café

　　一次，我在Mildura找尋樂器行的蹤影，希望可以買到一把便宜的吉他來玩玩。走在街上，正跟朋友討論著這事，我才説：「不知道這城市有沒有樂器行呢？」超級巧，一旁就正好路過一家樂器行！

　　進去逛了逛，賣的二手吉他有點破，於是我轉身就要離開；老闆一看，便走過來問我是否會彈吉他，聊了一下，老闆約我週末過來一起玩音樂。但是我還算有自知之明，知道自己技術如何，於是也就只是笑笑，沒太在意這件事。

　　這事過去一個多月後，有一天，加拿大朋友Drake約我去聽爵士樂，我當下立刻答應，還約了三五好友，當晚就前去Drake介紹我的咖啡廳享用咖啡配爵士。

　　一到達咖啡廳門口，噴？這不就是之前那家樂器行嗎？這狹窄的樂器行竟然是咖啡廳？我的好奇心當下瞬間飆升。

　　走進深處，我點了一杯熱可可，另外繳了爵士樂的門票5澳幣。喝著熱可可，開始期待，這到底是什麼樣的饗宴呢？

　　在等待之餘，由於無聊，朋友們開始玩起西洋棋，我也拿起店內的吉他玩了一下；有趣的是，這時另外有一個澳洲少年也走過來打鼓，我倆就開始搭配著玩了起來。

　　純粹好玩，也玩得盡興。過了一會兒，我們正打算休息，沒想到這時外面卻走進來一位黑人朋友，他說他在外面聽到我們的音樂，很喜歡，拜託我再彈一首。我不是專業的，純粹好玩，所以當下先推辭了；可是他卻不放棄，用求的。於是就這樣，莫名其妙地變成我在表演給大家聽！想一想，我可是付了門票耶，怎麼是我在彈啊？

　　不過門票畢竟還是沒有白付啦，後來樂手一一到齊，表演開始，人潮也越來越多，甚至有人被擠到外面去了！這場表演還真是值回票價！

　　而真正狠腳色，其實是老闆本人。看他享受彈吉他的樣子，技術一流，根本是山塔那嘛！（編按：卡洛斯·山

4. 重頭戲終於開始
啦！左2為老闆

塔那，1947年生。樂壇公認其為當代偉大的搖滾吉他英
雄之一，滾石雜誌「史上百大傑出吉他手」中名列第15
名。）

深夜咖啡廳裡，遇見爵士樂蘇格拉底！

Neo小手札

與我失之交臂的吉他

　　對於背著一把吉他去旅行這件事，我是非常憧
憬的。除了這次，後來我又在一間二手店看到一
把聲音很輕脆的木吉他，體積小，非常適合旅
行；只是因為當時要價120澳幣，價格太高，讓
我考慮了很久。當我考慮了一夜後，隔天決定
把它買下時，沒想到已經被賣掉了。唉，現在
只能望圖興嘆啦。

　　另外，澳洲有很多地方都可以買到二手
商品，二手貨專賣店（Second hand shop, OP
shop）、車庫拍賣（Garage sale）與拍賣市集等，這些都是背
包客省錢挖寶的好地方。在那裡我買到務農用的帽子、露營用的平底鍋、
還有冬天的厚外套；當然你也可以把身邊多餘的物品捐到二手店，不但可
以降低你行李的重量，也可以造福其他需要的人。

我在Mildura的日子

Mildura

在澳洲打工旅遊，短短的時間內我跑了許多地方，交了各國的朋友，獲得豐富的體驗。離開Robinvale後，原先本是要南下墨爾本，但是當時心裡卻閃過一個想法：「既然都來到維多利亞北方了，那更北的Mildura又怎麼可以錯過呢？」於是，我最後來到了Mildura。也或許是常常抱持著這種可能「一生一次」的念頭，讓我特別懂得把握時機，特別用力的體會生命。

Mildura，原意為「紅色土地」，北端的墨累河（Murray River）隔開了維多利亞與新南威爾斯，因此當我到Murray River散步時，新南威爾斯就在對岸呢！

一天，我們一群人瘋狂的跳下河去，泳渡墨累河

Murray River

維多利亞 **127**

（Murray River）！從這頭游到對岸，等於是從維多利亞游到新南威爾斯！當時的岸邊看似很近，但是望呀望的，卻怎麼也游不到。好孩子們，可千萬不要學啊！這種瀕死的經驗現在想起來，其實真的很危險。

不過撇去我們這些瘋狂的行徑不說，Mildura 有了 Murray River的滋潤，讓這個城市變成了綠洲。船隻與鄉村音樂是這裡的名產，附近也有一些國家公園被列為世界遺產！這裡是一座生活機能良好的城市，來到這裡，只要享受就對了。

往北走到Murray River散步，可以看到有人在釣魚，還有很多停泊的船隻。這邊的輪船旅遊也是地方特色之一，所以也經常出現在明信片上。

Eleventh St.

International Backpackers是我在這邊落腳的背包客棧，老闆John對待大家都像朋友一樣，住起來很有家的感覺，沒有太多的規則與拘束，連房租也不會管你什麼時候

交；因此很多人都是先欠著房租，等到領薪水時才交。我想換作是一般旅舍，早都被趕出去了吧！

這裡同時也是工作旅舍（Working hostel），老闆會幫你找工作，甚至有時還會幫忙交通接送。裡頭附設有交誼廳、撞球檯，讓大家不會感到無聊，隨時隨地都很熱鬧。所有人就像個大家庭一樣，一起努力維持這邊的整潔，一起喝啤酒，一同到Bar聽Live band表演……我喜歡這裡！

Mildura International Backpackers就是我的家。

Neo小手札

可能是因為南瓜湯，可能是因為佈告欄上那張背包客足球隊的照片，也可能是因為復活節的城市尋寶戰我們勇奪第一名，又或許是因為我幫忙介紹了好多房客過去——Mildura International Backpackers的老闆John竟然還記得我！事隔多年後，John在網路上寫了訊息給我，告訴我他很想念有我在那裡的日子。突然間，那些溫暖的感覺又湧了上來。

AUSTRALIA

阿德雷德 ADELAIDE

WAKEFIELD

ERECTED
TO COMMEMORATE
THE HUNDREDTH
ANNIVERSARY OF
THE FOUNDATION
OF THE PROVINCE OF
SOUTH AUSTRALIA

1836-1936

Adelaide，
來自皇后的美好

在Adelaide
的意外驚喜

阿德雷德（Adelaide）在早期整個澳洲大陸中，是唯一的自願移民區，建都時的皇后名字叫做阿德雷德，所以該城市之名就由此而來。其實澳洲很多地方的名字都是這樣子來的，例如登陸的艦長、來訪的高官等，簡單直接。

抵達Adelaide後，我住進Cannon St Backpackers，開始感受這個城市，感受她那在現代與古老建築衝突下展現的風味。

為了快速瀏覽Adelaide的城市風貌，我覺得搭乘免費

1. 友善的先生
2. 澳洲徽章

巡迴巴士或許是個好主意。於是在等公車的時候，我就順便向一旁的先生請教公車與電車的路線該怎麼走。想不到熱心的他，在我們上車後，還一路為我介紹這座城市與每棟建築，詳細的就像導遊一樣；他下車前，他解下別在西裝上的澳洲徽章並將它送給我，真是又驚又喜！這位先生的友善讓我對這個城市有了很棒的印象，友善真是最熱情的城市語言！

在Adelaide與德意志的相遇

我又成立了搖滾樂團啦！這次的團名是「B-FIVE」！因為我們房門號碼正是B5。

第一天和大家相遇時，正巧所有的人都穿著黑色衣服，我就說：「哇塞！真是太搖滾啦，我們組成樂團吧！」就這樣，我和大家很快就打成一片，每次見到面都必須用猙獰的表情來比出搖滾手勢說：「B-FIVE！」

不過組團之初，大家壓根兒沒想到我們其實都真的很愛搖滾樂，熟了之後，我們夜裡就常一起去Bar裡尋找Live band的表演，一起搖滾！

其中德國人Ottens很好玩，每次都跟我說：「不准再笑了！還笑這麼開朗！你是Rocker，要很酷！」我都回他：「可以笑，但是要笑得邪惡，那也很重金屬啊！」

話說回來，B5這個10人房中，除了我一個台灣人和一個美國人之外，其他8個都是德國人！所以他們都笑說這間房是德國房間。

認識他們後，我也趁機學點皮毛的德文，還學會唱一

3. B-Five

美食配友情

首德國傳統民謠，這就像外國人在台灣唱一首〈丟丟銅仔〉那樣屌！而我也見識到德國人對於啤酒的自豪，還有愛喝啤酒的習慣，他們白天喝、晚上也喝，真的是把酒當水喝。而在我的「教育」之下，房裡每個德國人也都學會用中文説：「給我一瓶台灣啤酒！」、「呼乾啦！」

旅行久了，深深想念起媽媽的廚藝以及台灣夜市裡便宜又好吃的一切。在Adelaide的唐人街，可以買到台灣正宗的珍珠奶茶解饞。

在背包客棧裡，我也認識了幾位台灣背包客，有人會包水餃，有人會煮麻油雞，再加上我做的蔥油餅，這真是太好啦！我們就在客棧裡回味起家鄉的味道。

而除了台灣的家鄉味，這間背包客棧的招牌蘋果派也是令人齒頰留香的美味，每晚8點免費供應，這可是我住進這兒的原因啊！就這麼簡單，蘋‧果‧派！

蘋果派本身熱呼呼的，配上上頭冷滋滋的奶油，加在一起，一口咬下，喔～阿德雷德呀！

除了美食，當然也遇到了很多背包客朋友。

Willis是美國人。在澳洲遇到的美國人超少，他是我遇到的第二個，也是我在Adelaide的第一個朋友。認識當天，我們就一起合作煮了義大利麵吃。他在美國時也曾單車長途旅行，他為了趕在開學日當天騎回學校，就帶著行李直飆學校教室上課，然後累到在教室睡死。

Andrew是德國嘻哈小子。我們用音樂交流，他拿德國Hip-Hop MP3跟我交換了台灣MC HOTDOG，妙！

Tero則是我第一個認識的芬蘭人。是一個不會彈吉他但是又愛帶著吉他旅行的人。他希望在旅行中把吉他學

好,所以向我學了吉他,而我也從他那學會一些芬蘭話。那幾天,他跟我學彈簡單又好聽的五月天的〈擁抱〉,我想搞不好他是第一個會彈五月天的芬蘭人呢!

德國小姐Julia,不知道是她健談還是我囉唆,每次我倆一聊天,就可以講一整晚,是我們熱血一族的好夥伴。她知道我到處跳躍後,興奮到竟然拿她的《寂寞星球》讓我簽名!還真是看得起我呢。

當然,不只是在Adelaide才能認識朋友,在這裡的期間,連在Mildura認識的Room 13老友也都跑來找我玩,還真是印證了那句「有朋自遠方來,不亦樂乎」呢!

不過雖然在這邊很愉快,但是到訪Adelaide的人通常都是過境做短暫停留,接著就去墨爾本、伯斯或是艾莉絲泉玩,亦或到南澳附近的農場工作。我住在背包客棧才一週,不到幾天就變成該房間最老的老鳥,流動速度真的很快。

看著認識的朋友相繼離開,雖然不捨,但身為背包客的我也得繼續我的旅程了。

4. 每天都要吃的蘋果派

Neo小手札

Tero結束澳洲旅程之後,還是不斷的練習吉他。相隔兩年多,一次我們又在網路上聊天,那時我自信滿滿的跟他說,最近我正在練習吉他之神Eric Clapton的Tears in Heaven,不料他竟然回我說:「嗯,那首歌滿難的,之前我也練了一陣子。」

當時我真是驚訝,原來他進步了這麼多!而曾經當他師父的我,現在或許已經被他超越很多了。這讓我深深感受到,兩年可以給人很多的成長與改變,就看你怎麼利用你的時間——而當我正陷入自己進步太慢的羞愧之中時,他緩緩的對我打了幾個字:

Fmaj7   Em   Dm7   C

啊!是我教他五月天〈擁抱〉的和弦啊!好感動,原來他還記得!旋律,滲透到了芬蘭。

SMTM－今天，請叫我「吉·祥·物」！

我一直都好想嘗試當吉祥物這種工作！躲在吉祥物裡面，沒有人認識我，而我可以盡情的在大街上跳舞、搞笑！只可惜一直苦無機會。

不管啦！機會，是要自己創造的。今天，請叫我吉祥物！

之前在Mildura當過街頭藝人，一試難忘。而這次再當街頭藝人，依然不是為了錢，而是一圓我當吉祥物的夢。我想把我的熱情傳達給大家，世界需要溫暖，城市將會因為我而充滿了笑容！

Busking!

1. 請記得先申請執
照

一次經驗學一次乖，有了Mildura的經驗，我知道
街頭表演是需要先申請執照的。於是我先走了一趟Town
hall，等執照到手，我就是Adelaide城市裡合法的街頭藝
人唷！

愛的抱抱

這次的街頭吉祥物任務有二：

任務1－發糖果給小朋友。

任務2－免費擁抱，Free Hugs！

在免費擁抱的過程中，有人害羞、也有人冷酷的拒
絕，但是絕大多數的人都是會心一笑，然後開心的跟我
擁抱；其中也遇過有人從遠處一看到我手中的牌子，就一
路助跑衝過來抱我的，撞得我好痛啊！但那熱情的感覺
真棒！

路途上，遇到了一群華人，聽那滿口的捲舌腔應該是
中國人。在與那群人擁抱的時候，當中有人說：「欸，這
熊貓怎麼不太像呀？」聽他這麼說，我便故意捲舌回答：
「同志，我盡力了唄！」當下眾人驚呼：「啊！他會說中
文呀！」當場爆出一疊連聲的狂笑。

還有遇過外國朋友在抱我的時候，偷抓我屁股，然後
在我耳邊稱讚：「Nice bottom！」真是讓我哭笑不得；

2. 最難忘的老太太

最誇張的一次，是有人熱情地抱住我後，直接把我整個人抱起，然後跑到好幾公尺外才把我放下！還真是讓我虛驚一場。

不過從這也可以看出，其實路人都非常熱情！這讓我也能跟著放得開，在街上裝模作樣，完完全全地融入吉祥物角色，又跑又跳、擁抱眾人，在街頭散發歡樂光芒！

而這麼有趣的活動，身旁的朋友們自然也不會缺席，台灣的背包客朋友們幫我拍照、當我的保鑣、替我指引方向；德國室友和香港的朋友也紛紛前來相挺。就連經過的路人也被我們的熱情傳染，熱烈的加入了我的抱抱大隊──加入的三位路人中，有的幫我拿板子，有的大喊：「快唷！跟熊貓抱抱，免費的唷！不花你錢，快過來抱抱唷！」他們的熱情，讓當時已經累到打算收工的我，又重新點燃火焰，繼續ㄍㄧㄥ了一陣子！

而至今，我最難忘的是一位老太太。當時她走過來說：「我真的需要一個擁抱……」於是，我伸出雙手，緊緊地抱著她。我們擁抱著，然後她在我耳邊這麼說：今天她接到電話，得知母親過世的消息……我跟她抱了好一陣子，緊緊地，輕輕地安慰著她。

會心一笑之外，還有安慰。今天這樣，一切都值得了。

當你看完這篇文章後，請不要害羞，快去抱抱你身邊的家人、情人或朋友吧！

如果哪天你在旅行路上遇到我，也別忘了給我個擁抱！我的擁抱可是Made in Taiwan唷！

Neo小手札

當了吉祥物，微笑的城市可不只Adelaide，這個笑容也傳到了伯斯。

當時一位很要好的背包客朋友正在伯斯打拼中，當時的他，工作找得有點不順遂。而當他得知我這個吉祥物抱抱的街頭活動後，也引發了他想嘗試當街頭藝人的興趣。於是，他帶了頂帽子就到伯斯市區開始唱起阿美族的古調，結果自然大受歡迎。地上的帽子也有了漂亮的進帳。

故事還沒完呢。回去後，他興奮的告訴了他的一位以色列朋友，而這位朋友也受到鼓舞，拿了把吉他就上街去唱歌，結果也是廣受好評！

於是，他們都賺到了額外的收入，而且他們也都踏出當街頭藝人的第一步。相信這是他們難忘的經驗，而伯斯街頭也因此多了異鄉人的美妙歌聲。

原來熱情，真的是是可以一直傳承的，而他們的歌聲又會感動哪些人呢？

希望熱情，永不止息！

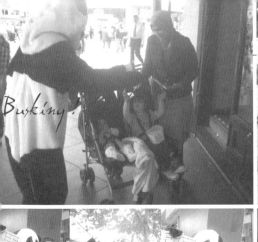

Busking!

Busking

Busking!

Busking

AUSTRALIA

墨爾本 MELBOURNE

一定要來感受個
走投無路！

「走投無路」
大補丸

走投無路是什麼感覺？

夢想與目標都需要柴火來燒，這是非常現實的問題。打工度假的背包客中，不少人都體驗過這種感覺——資金不足、急於找工作，不然打工渡假就要提早結束的窘境。

背包客旅行的後期，我開始嘗試著騎單車旅行。開始過後一個半月，六月初我來到墨爾本。那時盤纏已經所剩無幾，且是真的急了，於是我陷入瘋狂找工作的局面。那感覺很糟糕，但也很過癮。

糟糕的是，沒有了錢，或許下週住宿吃飯都成問題，生活機能絕對要克難，土司泡麵變成每日三餐。但若說要返回台灣，很多目標都還沒達成，更不想就這麼逃回去。

　　過癮的是，其實打工渡假開始前，我就曾偷偷地期待「走投無路」這一天的到來！我想知道：我會被激發出什麼潛力、我會如何度過難關、我會怎麼面對？在異國沒有了錢，那又是什麼感覺？

　　想像歸想像，真正遇到後，還真是一股巨大的壓力！我必須在短時間內得到收入才能支持自己的下一步──瘋狂找工作，可真的是要瘋啦！

　　但壯遊既然是壯遊，想要收穫滿滿，就一定要吸取很多養分。「走投無路」的養分非常充足，絕對是超級營養大補丸。如果人一生中必定會遇到挫折，那趁著「下定決心」時的背包旅行中經歷，何嘗不是一個最棒的時間點？心臟堅強起來，未來就不足畏懼。

真正的危機

　　初到墨爾本的這一週，我才真正遇到了「找工作」──這個背包客生活中非常重要的課題──要等待回覆的工作、下下週開始的工作、下週面試的工作……雖然機會是有的，但對於現在的我來說卻都「來不及」！

　　雖然先前早有過不少歷練，但到了新城市仍要重新磨合。而且沒了些許資金的後盾，已經不容我等待、嘗試新工作了。現在，是一定要有收入。沒了錢，志氣、夢想、目標、熱血，通通不能當飯吃，玩起來也不快樂；啤酒喝不了、車票買不下手、衣服用手洗、連遇到沒有曬衣場的背包客棧都要猶豫半天，然後才心不甘情不願的投下烘衣機的錢。

　　找工作的路上，看到櫥窗玻璃反射出自己的身影，感觸頗深。

　　碰壁是免不了的，問了好多地方、填了很多資料、發了很多履歷，努力之外，運氣更是重要；另外當然也得透

1. 鏡中奔波的自己

過人脈，就像先前的某些工作一樣，有時候是工作自己找上門的。只是對我而言，要找到第8份工作，不難，但要在短時間內找到適合的工作，那才是個難題。

最後，為了馬上找到工作，還是去了一直想避開的中國城找。雖然練不到英文，但至少還有錢拿吧？

在中國餐廳我找到了一個服務生的工作，老闆要我背菜單，再把客人點的菜翻譯給廚房師傅聽，一小時8澳幣的黑工，試用期不支薪。當然，這麼急著要錢的我，一定要問一下試用期是多久，結果得到的答案是不一定，做得來一天，做不來一週也要繼續磨——這明擺著壓榨背包客嘛！

在澳洲，很多中國餐館都是這個樣子，因為澳洲背包客多，你不做，別人會做。8澳幣的工資以墨爾本的物價，可能只能苟延殘喘吧。我有朋友在中國餐館做了很久，當她想離職去旅行時，雇主為了留下她，居然警告她說：如果妳不做，這兩週的薪水就不發！

當然，不能一竿子打翻一船人，也是有待遇不錯的中國餐館。只是就普遍情況來說，外國餐廳的待遇往往較好，黑工時薪大約20澳幣。相較之下，如果想考慮中國餐館的話，就請先做好心裡準備。

那天面試的結果，我得到了工作。但我竟然忍不住對著他說：「Fuck off！」然後轉身離開。我不知道我這樣做好或壞、對或錯，但對於這種壓榨黑工的老闆，我想或許要一百句、一千句的「Fuck off」才能喚醒他們的良知吧。

重新調整心態

為了找工作，我坐在麥當勞裡使用免費寬頻。而玻璃

2. 就算乞討不到半
   毛錢，還是可以
   很開心

窗前，正好有兩個人放著帽子在乞討。照理說，乞討的人通常是鬱鬱寡歡的模樣，但這兩個人卻似乎挺開心的，居然還在玩吹箭遊戲！看了他們的帽子，其實裡面一毛錢也沒有，但或許就是知道什麼都沒有，沒得失去，所以他們才會這麼開心。

　　看到這畫面，我開始思考……或許要生存下去不是那麼難，只是看你怎麼想。

　　而心態一轉變，原本沒消沒息的背包客棧就突然傳來工作通知！這事情真是妙極了，下一秒會發生什麼，真令人猜不透啊。

　　包含先前那家中國餐館，最後我一共找到了4個工作機會：

　　推銷訂購牛奶的Milk man。前一週訓練期間底薪200，之後論件計酬，可能週週破千，當然也可能是零。

　　醫院的研究機構，做人體試驗。穿戴儀器、吃藥，提供數據給醫學研究，要是住院更是高薪。但要拿自己的健康來換取暴利？還是別想了吧。

　　而最後，我選了最穩定的農場工作。離開大城市，到簡樸的農場節流、開源，就這樣展開了一天可以賺進一條

❸

3. 只要向上看、向前
　看，就會有希望

Levi's牛仔褲的撈錢生活！

　　相信很多朋友，不論是不是背包客，都一定有引頸期
待找到工作的時候。工作找得不順心，或是辛苦工作卻入
不敷出，有的甚至被工頭騙、被當成廉價黑工……等，這
些苦情戲碼到處都在上演，天天都是現在進行式，我演
過，我朋友演過，我朋友的朋友演過，生活不可能永遠
浪漫。

　　但是，人不怕走在黑暗，只怕心中沒有陽光；不怕寒
冷，只怕不夠熱血、熱情。

　　自助人助，調整好了自己的心態，世界才會隨之
改變。

　　之前在西南澳認識一位朋友，他一直在等待葡萄季的
開始，一直等不到，只剩下30多澳幣；但是他每天出去釣
魚，每天就吃那些魚。雖然我不知道最後的結果如何，但
是他的勇氣與堅持，卻深深的烙印在我心中。

　　打工渡假沒有錢，瘋狂找工作的感覺其實不太好，

我瞭！

　　工作怎麼找，我不會教；但這種感覺，你我都懂。用你的熱情趕走憂鬱，心靈飽滿了，吸引力法則就啟動了。別委屈自己，讓好的心情帶來好的工作！

Neo小手札

　　打工度假回來後，最多人問我的問題，就是到澳洲當背包客的工作好不好找？

　　這個問題還真難回答。很可能前一秒我才瀕臨破產，下一秒，我已經荷包滿了出來，正要灑錢去玩高空跳傘。我只能說，就是因為這種不確定，冒險才更加有挑戰性，而這就是背包客們自己選擇要面對的「體驗」。從內心磨亮，你才會閃閃發光！Please enjoy your moment！

　　工作我沒辦法幫你找，但是在經濟短缺的時候，有些小撇步提供參考：

　　免費食物：

　　許多背包客棧的廚房，會有一個架子標示著「Free food」。由於背包客常常移動，多出來的一包米、一瓶醬油都是個累贅。因此將不需要的食材捐在這個架子上，反而是一舉二得的造福了旁人。我曾經捐出不少物資，當快破產時也靠著這個幫了大忙。人人為我，我為人人。

　　另外澳洲有很多教會，在教會不但可以上免費的英文課程，每當舉辦活動時，也都會有免費食物可以吃。而無助的靈魂，來到教會後多少會獲得一些平靜與支持。

　　住宿交換：

　　每間客棧都需要人打掃，而絕大多數背包客棧的工作人員都是客棧的住戶組成的。透過幫忙打掃環境、更換床單、或是在櫃檯服務，就可以換到免費的住宿。在還沒找到工作前，絕對可以大省一筆。

寒冷的城市
不再冷漠

冷漠的墨爾本

「其實每個人心中都有熱情的因子，只是很多人都很害羞，所以必須要有個臉皮厚的人帶頭出來熱血，那個人絕對就是我！」

騎著單車，剛來到墨爾本時，覺得這是座美麗的城市，建築很有風味，但我的內心卻帶有一絲惶恐。這就像是在小鎮或偏僻的道路上遊走許久後，突然踏入大城市一樣，畫面的轉變帶來震撼，叢林中的野人跑進了都會區。

而我到達的那天，火車站剛好有示威抗議的集會，人潮多到爆炸。牽著單車，我走在這擁擠的街道上，和在小

鎮中的感受明顯有了不同。以往走在小鎮上，人們看到單車旅者多半會伸出大拇指致意，有的人還會湊過來聊天，很是親切友善；但到了大城市，大家看我的眼神就好像看到鬼一樣，滿是感到奇怪與格格不入，尤其是穿著西裝的上班族更是滿臉狐疑的盯著我看。

到了新城市，第一件事情就是要找個落腳處。

光墨爾本一帶就有超過50間以上的背包客棧，該從何下手？為了節省功夫，我直接問了朋友的意見，然後很快就決定要入住All Nation Backpackers。天色已暗，騎了一整天單車的疲累，讓我只想趕快check in，好好休息。但令人意外的是，櫃檯竟然說這裡沒有讓我停單車的地方，就連想找個角落塞也被拒絕！

這下子，我實在不知道還能去哪了，於是只好拿出從旅遊資訊中心索取的資料看，到處打電話詢問是否有無可以收留單車的客棧。後來，我終於在King street上找到Melbourne Connection Backpackers，而且櫃檯小姐是個熱愛騎單車的人，她讓我把單車停在櫃檯前方的小升降梯上。

而這個意外的結果，讓我在滿是背包客的墨爾本中，住進了沒有半個台灣人的背包客棧。

在Melbourne Connection住的頭幾天，我發現這邊的背包客都只會簡單的打打招呼，只跟自己熟識的朋友聊天、吃飯。我如果突然坐在附近，也不會有人主動理睬。老實說，這種情況我還真沒遇過，在Perth、Adelaide、Mildura大家都是很自然的就打成一片，騎單車的一個半月裡也都是盡情地享受著人與人之間的溫暖。但到了這個號稱最適合人類居住的城市，墨爾本，我竟然感到冷漠？

是因為只有我是台灣人嗎？還是這間客棧特別不同？又或者是人越多的城市，越不如小鄉鎮來得熱情？

經過觀察後，我發現，這邊的背包客大多是長期住宿

的，彼此都已經認識了好幾個月，因此對非長期住戶多半不會特別理會；而其他過境旅行的客人，自然也是朋友與朋友膩在一起，不會搭理旁人。於是，就演變成了一群群的小團體，和一些剩下來而沒人理的——像我一樣，一個人睜大眼睛東張西望。

好無聊呀！我不允許這樣的事情發生！我決定主動爭取我想要的熱鬧場面！

還記得先前在美術館時，因為看到一位女孩子正模仿著展示的家俱在畫畫，好奇的我就厚著臉皮去問她，而話匣子就這樣打開了。原來她是墨爾本人，在唸藝術。她還推薦我很多墨爾本一帶不錯的藝術展覽，並邀請我晚上去她與一群同學們的聚會。

交朋友，要主動！有了先前的經驗，這次我也要主動出擊。

每次回到背包客棧，室友們說完Hello或Hi之後大都是各忙各的，很少有人聊天。我住的6人房裡，有一位室友叫Martin，長得很像魔戒裡面的哈比人山姆，他的床鋪旁邊擺著一台單車——喔！他竟然把車停在我們房裡，他一定是單車愛好者！——同為單車一族，我當然想和他聊上幾句，可是話題才開始，他就回答我說：「喔！我不喜歡騎單車，這是我老闆借我的，我只是騎它上下班而已。」

整個超尷尬的……。第一次的嘗試就這樣快速地以失敗收場。

後來我下舖的女生跟她的姊妹淘回到房裡，她看到床下擺著兩雙我的NIKE鞋，她說：「原來這是你的唷，你怎麼都穿運動鞋呀？」

我說：「因為我是運動男孩呀，我是騎單車過來墨爾本的耶！」

萬萬沒想到，一句話改變了一切！

就因為這句話，大家像活了過來一樣，拚命地追問我

1. 室友Martin
2. 跟大家一起去夜店
3. 把房門號碼寫在手上吧！

許多問題；而剛剛還擺著張冷面孔的Martin也瞬間回魂，大大的讚賞我一番。而且隔天，我就發現原來他是個大嘴巴，因為整間背包客棧的人居然都知道了我的單車旅程，每個人都興致勃勃地跑來問我問題。

一個話題，就跟大家打成一片，各個小團體變成一個鬧哄哄的大團體。而成了「大夥們」，當然也就可以一起出去玩了。啤酒一喝，朋友間的距離就又更近了，拉近拉到一個啤酒瓶蓋的距離啦，哈！

我和Martin一同住在五號房，他很妙。有一晚，我們在房裡道過晚安後睡了，但隔天一醒來，他卻跑到一號房；一號房的人也都覺得奇怪，怎麼一覺醒來房裡多了一個人？這個怪事讓我們研究了半天都找不到原因，他最後推斷，應該是因為他喝醉酒，所以半夜起來上廁所後才走錯房間。

溫馨與驚喜的小窩

所以從那天以後，每當晚上我們喝酒，他就會在手上寫下房門號碼，以免走錯。而大家最後為了好玩，居然每個人也都在手上寫下房間號碼，真是有趣極了！

問我「運動鞋問題」的女孩睡在下舖，她來自英國，名叫克萊兒。有一天她生日，可是那天她偏偏要上班，等到下班時生日都快過

了。這讓她非常失望。看到她這樣，我很不忍心，所以就送她一張我的跳躍明信片當作生日禮物，而這個特別的禮物讓她超級開心，高興地緊緊抱住我。後來我們五號房的夥伴們都以兄弟姊妹來稱呼，我也是她的哥哥之一。

　　而這小小的溫馨舉動，沒想到又再次造成轟動。明信片送她的隔天，大家就又開始對這些跳躍照片感到好奇，每天都會有人要求看我電腦裡的照片，早上起床刷牙時被人問、櫃檯小姐也想看、甚至有人要花錢跟我買明信片——從原本第一天沒人理的我，到現在忙碌的應酬，最後……連這間背包客棧老闆都加了我Facebook。這中間的奇妙轉變，或許就只有旅人才能體會吧。

　　而在客棧「走紅」後，朋友當然越來越多，這裡成了一個溫馨的小窩。有一天我外出後回到客棧，卻在房間門口看到了一個驚喜——有張剪報正貼在房門上，上面寫著大大的「NEO JUMP！」——我窩心的笑了，這真的讓我感動！

　　原來這是一個比利時朋友Birt做的。他在報紙上看到這廣告後，一直覺得那姿勢和我跳躍的姿態很像，於是就特意拿給我分享啦。他還開玩笑地說，將來適合我的夢中情人，應該是一位在我單車旅途上超我車的女孩……話雖如此，但海報中這位美女太猛了，我想就免了吧，哈！

Neo小手札

「原本讓我覺得冷的城市，現在已經不再冷漠。」

其實背包客棧裡的氣氛通常都是友善的，但也是有一些特殊的例子。有一次我住進一間8人房，其中一位來自紐西蘭的室友，從來都不回應我的招呼，但卻常常與我的英國室友話家常。這讓我感到納悶，而這種刻意的冷漠我還是第一次遇到。

後來我與英國室友聊天時，順便問了這個問題。英國朋友擠出了幾個單字，而在我還沒意會過來前，另一位土耳其室友聽了卻生氣地衝去找那位紐西蘭室友理論——原來英國室友是說：「Racial discrimination（種族歧視）」，而土耳其室友的激動或許也是出自於從前經歷過的不好的經驗吧。

英國室友繼續告訴我說，那位冷漠的室友，只要不是白人，基本上他是不會理你的。而這種歧視的行為，很快的也被眾人所歧視，不受歡迎的他很快就搬走了。

其實友善的紐西蘭人我也常遇到，歧視行為無關乎國家，是個人修養的問題。人與人的互動就像一面鏡子，當你投以友善的面容，相信你也會看到自己被友善的注視著。

城市塗鴉獵人

塗鴉城市

每個人對於一個城市的印象都不同,喜歡的點也不同。而我對墨爾本的印象就是──塗鴉。

先前在澳洲旅行好幾個月以來,一直鮮少看到讓人想拍手的街頭塗鴉。一般都是在電車或是天橋附近會看到一些英文字樣的噴漆,但也很醜;寫得好的頂多是些運動Logo那樣的藝術字體。來到墨爾本之後才驚訝的發現,墨爾本(Melbourne)除了主市區一些街道外,南邊的聖科達(St. Kilda)跟北邊的費茲洛依(Fitzroy)都有很多特色塗鴉可以欣賞,那些都稱得上是神乎其技,達人藝術呀!

在墨爾本,我認識了一個有趣的法國人Fabbian,他

喜歡拿著相機到處收集街
頭塗鴉。因為我也非常喜
歡塗鴉，所以我倆就決定
一起尋找，變身為「塗鴉
獵人」！

　　我跟Fabbian尋找塗
鴉的方式都是用走路的，
從墨爾本走去St. Kilda時
還徒步穿越了一大座公
園，得非常小心高爾夫球
的襲擊。行走，才能發現
存在於很多小巷子內的驚喜，五顏六色的垃圾桶、精采的
樓梯或是小角落，只要一抬頭或是稍稍左右張望，到處都
有意外的發現，相機快門按個不停。

　　走累了，Fabbian開玩笑地說：「是誰的鬼主意啊？
幹麻用走的！」

　　我回他：「拜託！我有單車耶，還不是為了陪你，不
然我早就到了。」

1.法台塗鴉獵人！
2.逛街是為了欣賞
　塗鴉

3. 為牆壁賦予活力

衝突與和諧

接著，我們突然發現了一間店的名字就叫Fiabbian，Fiabbian開心的大叫，結果仔細一看，Fiabbian說：「Shit！我的店竟然是賣燈泡的！」

與同好一起在城市中尋寶，是開心的，是爆笑的。

累歸累，嘴上鬥著嘴，但我們還是興致勃勃地繼續發掘新的塗鴉。當你發現整個城市街頭的牆壁彷彿都成了調色板，那種驚喜是會讓人忘卻疲累的。我們就像興奮的孩子，在這偌大的玩具反斗城裡，找尋個性的卡通與漫畫。

在街頭看到塗鴉的那種感覺實在太棒了。塗鴉和城市裡的建築、垃圾桶、路燈，甚至是停在一旁的車子、路過的老太太、穿著帽T的少年等，產生了一種既衝突又和諧的感覺，是種很妙的街頭文化。

而且這些街頭塗鴉是會更新的，你能看到新塗鴉蓋住舊塗鴉的痕跡，又或是重新粉刷後又被繪上新的塗鴉，牆壁表皮的隨著時間改變，似乎也有了生命力。

眾多的作品中，我最喜歡的是Fitzroy的某間加油站旁牆壁上的塗鴉。超大的塗鴉與文字，佔滿整面牆壁，感覺是花很長的時間才可以完成的大作。遠看時，那種巨大已經足以讓人驚嘆，而再靠近細看，更可以發現每個大字中都還藏有故事！從大到小，從豪邁到細節的處理，再再讓人讚嘆！

當然，除了街頭的藝術，在墨爾本也能看到很多的展

覽，維多利亞國家美術館（NGV, National Gallery of Victoria）就是我很喜歡的地方，另外也有很多小藝廊可以欣賞原住民藝術與當代藝術，建築藝術和裝置藝術更是充斥著整個城市，整個城市的藝術融入了生活，這兒就是一座藝術的殿堂。

在小地方驚見到的巧思與傑作，水泥叢林也會變得很創意！

所以，你喜歡塗鴉嗎？這也是一種背包客求生的技能唷！在Mildura就認識一位背包客，他幫背包客棧的牆壁畫畫，換得一週的免費住宿；而在異地留下作品，對他來說也是一段值得高興的回憶。

墨爾本塗鴉網：

http://www.melbournegraffiti.com/

維多利亞國立美術館：http://www.ngv.vic.gov.au/

4. 讓人讚嘆的大作
5. 大字內細部細節超豐富，不僅大，其中細節的處理更是讓人佩服。

Neo小手札

與Fabbian一起遊走墨爾本街頭的時候，他突然跟我說：「我可以請你喝杯咖啡嗎？我很想請你喝杯咖啡！」然後我們就找了間咖啡廳稍作休息，舒坦的喝著Espresso。

後來我才漸漸知道，當初他會這麼說，純粹是他走累了，想要喝杯咖啡。而這樣禮貌的問話讓我體驗到法國紳士之道，也才知道原來說話的藝術深深影響了聽者的感覺，這點一定要好好學起來！簡單的一句話，這午後的咖啡卻更香醇了。

Gallery，在墨爾本
開間街頭美術館吧！

開一場街頭畫
展吧！

在來到墨爾本前，我曾單車旅行了一個多月；在
Murray Bridge的時候，我認識了兩位德國朋友，也
因為他們，我開始嘗試用壓克力顏料畫畫（請參閱〈我在
Murray Bridge搞壓克力畫〉）。來到墨爾本後，我在農
場打工賺錢之餘，沒事就畫，一直醞釀著要在離開前辦一
次街頭個人展！

在我離開墨爾本，繼續單車旅行前，我用單車載著所
有家當，在亞拉河（Yarra River）的橋上開始我的小型街
頭美術館。

①②

在我旁邊的攤位，有一位拿著像是玩具小木琴自敲自唱的女孩，完全陶醉在自己的音樂中——街頭賣藝，其實最開心的就是展現自我！看到她散發出來的快樂，我當然也是投錢微笑以示鼓勵。

街頭的意義

　　同樣堅持的是另一攤的一位大哥，似乎是在推銷大誌雜誌（The Big Issue），雖然一本也沒發出去，但他仍是毫不在乎的坐著。

1. 墨爾本美麗的亞拉河
2. 開心的自娛娛人

　　比起堅持，我當然絕不能輸！拿出大浴巾，我把壓克力畫全都擺上去，厚臉皮的野人獻曝一番！

　　或許這個展覽，就像你曾碰過的那種——全是鬼畫符，感覺連隔壁鄰居的小孩拿蠟筆畫的都還比較好的作品。但我覺得藝術應該是更深一層的東西，是抽象概念的呈現，是一種意志的表達，是一種勇於展現自我的瀟灑。只要你願意，只要有心，人人都是藝術家！

　　所以，我的目的才不是賺錢呢。喜歡到處看藝術展覽的我，發現「藝術」這東西，根本說不上有一個制式的審美觀，因人而異；不管什麼樣的作品，總是會有一群能夠

彼此認同創意與理念的夥伴，就算沒有，孤芳自賞也是種自信呀！所以我希望透過展覽，找到和我志趣相同的夥伴，這也是一種接觸人群的另類方法。如果有人喜歡，不論他是要跟我買、要拿東西跟我交換，都行！如果高興，要我送也行！總之就是隨興、認真、感性。

我踏出了那一步！

在街頭上，有人覺得難看，我微笑接受；有人欣賞，我窩心感受。街頭美術館才剛擺不到3分鐘，就有老先生湊過來和我聊天，然後他投了枚硬幣到我帽子裡，比出大拇指說：「Very Good！」

藝術的午後

3.大提琴天使和可
愛的狗狗

忙碌的墨爾本，行人都走得匆匆，不過他們還是不時地把目光投向我的作品。從我左邊走過來的都會「向右看齊」！右邊走來的都會「向左看齊」！當然，偶爾也是有人駐足欣賞，與他們眼神一個交會，然後就會得到一個硬幣或是一抹微笑。而硬幣加微笑的，最棒了！

❸

　　看到展覽後的第一個表情，往往都是最直接、最自然的，坐在那兒的我，看著過往行人的表情，倒是欣賞了一場行人的展覽──人人都像走伸展台一樣地經過我的面前，然後把頭擺向我，妙極了！

　　隨著時間的推移，身邊的鄰居也有了變化。一個穿的像個天使一般的女孩，就在我左邊不到5公尺的地方開始拉起大提琴，身邊還跟著一隻超可愛小狗。

　　小狗真的太可愛了，每個路人的目光瞬間都被牠吸走，沒有人看我的畫，似乎也沒人在聽她演奏，每個人眼中都只看到「小狗狗」。

　　「Oh~! so~cute!」、「Look that puppy! 」、「wow~! Doggy!」

　　讚嘆之聲不絕於耳，可惡，怎麼不是稱讚我的畫呢！

　　雖說如此，我自己也忍不住跑過去探頭探腦。說起來，她拉的大提琴真的不怎麼樣，但是大家卻仍然奮力的拍照、投錢，好像如果不賞點錢，那女孩就沒錢買飼料給狗狗吃啦！

　　好吧！算你強！不！算狗強！那狗狗真的可愛到我也想多看兩眼。這下我的畫可輸給一隻狗狗了。

　　就這樣，我坐在那兒，對這個城市有了一次全新的體驗，那是和坐在河畔喝咖啡時完全不同的墨爾本。我靜靜的觀察與體會，或許是我這場展覽最大的收穫。

　　因為紅燈停下來的巴士，車上的人們一直往這邊望，

其實他們好想下車來看我的畫？

　　坐在對面的龐克情侶，其實今早花了3個小時來塗髮膠好讓頭髮又尖又刺？

　　推著嬰兒車的媽媽，指著我的畫給她的寶貝看，而那孩子卻盯著我的單車瞧。也許這孩子未來的壯遊種子就此悄悄種下？

　　天空好Blue，而我心情很Sunny。

　　那天收到打賞5塊錢不要緊，街頭賣藝最大宗旨就是——不准用狗狗騙錢！

Neo小手札

　　每次畫作完成的時候都令人感到滿足，而且我更享受畫畫過程中的快樂。不管畫得好不好，這是純粹屬於自己與畫紙交流的時光；耐心的沾著顏料塗塗抹抹，心裡也平靜了起來。

　　而畫畫這念頭，有一天也讓我動到了我自己房間的牆上。在台灣的某一天，我跟媽媽說我想要在自己的房間牆上畫畫，媽媽當場就嚴詞拒絕：「不准！這是我們家，不准亂畫牆壁！」

　　可我也不是什麼乖孩子，隔天我仍舊在牆上大筆揮灑，然後才默默地告訴媽媽這個既成事實。媽媽一聽，很激動地衝進房間，而我也準備好要聽一頓臭罵。不料，她竟然平靜的說：「咦！畫得還不錯嘛！」哈，我被肯定了呢！

發奮塗牆

SMTM — Monbulk & Silvan，包裝有生命力的包裹

如果要問我在澳洲做過最輕鬆的工作是哪個，答案就
是：Tesselaar花卉花苞盆栽工廠。

包裝生命的美

墨爾本東邊的Monbulk與Silvan一帶，都是花卉盆栽
農場。在墨爾本市中心經歷了走投無路的經驗後，最後我
選擇了農場的工作；騎著單車來到這裡，展開我與花共舞
的生活。

Tesselaar經營類似花卉通路的公司，他們將自家農場
與採購自其他農場的作物，做成花苗及盆栽等商品，透過
電話、網路、郵購等管道讓人訂購。喜歡將家裡的花園弄

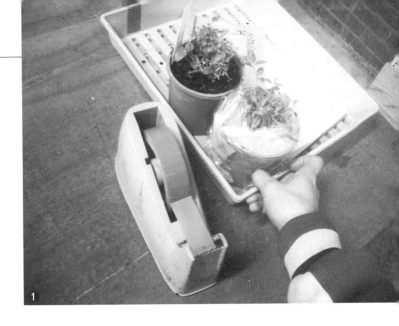

1. 為盆栽做包裝

得賞心悅目的澳洲人們，都可以從這裡買到花苗，栽種自己的美麗。

　　而我的工作就是將這些盆栽做妥善的包裝，讓盆栽與花苞在郵寄的過程中能夠安全抵達目的地。因為這些產品都是有生命的東西，所以包裝時也要格外小心與注意。

　　一開始的工作，是將一個圓紙版做成盆栽的杯蓋，用膠帶補強，再包上塑膠袋，這樣就能確保寄送時土壤不會灑落。不過最後我們連塑膠袋也省了，響應環保嘛。

　　而工作時間久了，後來我也開始幫忙將這些生命裝箱，這個工作更有趣了，完全需要憑靠經驗才能知道要用多大的箱子、應該如何收納。到最後，我也做出了口碑，若遇到較大宗的包裹或是特殊的訂單，主管都會把工作交給我處理，我也樂於接受挑戰。

　　在包裝的時候，我常常都在想，如果我就是那個收到包裹的客人，在打開的剎那是什麼心情？如果看到的是一團糟，相信不但心情會受到影響，之後想必也不會再跟我們訂購；但如果我能將這些生命包裹得美好漂亮，那麼顧客在整理花園時會綻放出微笑，汗水也能開出幸福的花朵吧！

六月時的維多利亞，常常下雨，偶爾會下冰雹，天氣時常是一兩度的低溫，但在包裝場的室內卻有著溫暖的暖氣。老實說，相較於先前的工作，這裡絕對是個爽缺！每次拿到薪資單時我都會對台灣朋友說：「騙吃騙吃啦（台語）」。我常想，這份工作大概只比大堡礁堡主差一點點而已，週五半天班，時薪16.8澳幣、一週500澳幣、一個月就是台幣6萬多！累也沒累到，汗也沒流到，雖然有時會感到一點點的罪惡感，但我能做的就是努力珍惜！

平淡的幸福

　　因為愛騎車，也為了省錢，每天上下班我都是騎單車，風雨無阻地在Monbulk一帶的山路奔波。冬日時節的Monbulk其實非常寒冷，尤其早晨只有一兩度，但我很喜歡這裡，我很珍惜這份工作，每天早晨可以看到日出或雲海，就是種幸福。

　　和我一起工作的同事大多是澳洲媽媽，其中Rohda跟我最要好，是我的師傅，有時候我甚至開玩笑的叫她「功夫師傅」。當我包得快，或發現問題而加以修正時，她都會誇獎我，而我也會回她：「因為我有一個很好的師傅！」這總能讓她開懷大笑。

　　而在包裝線上，機器式的反覆動作其實很無聊，所以

2. 我的師父Rohda

有時候我會帶MP3聽音樂；另一種最好的殺時間工具就是
——「聊天」。跟澳洲媽媽們聊天非常有趣，我常常逗得
大家笑聲連連。漸漸地，我發現我來到這邊工作已不只是
為了賺錢，我很喜歡和她們聊天，因為我能用熱情感染這
些長年在這工作的媽媽們，讓早已疲累的他們多些笑容與
青春。

　而這段體驗也讓我想起了遠在台灣的媽媽，她也是做
包裝一類的工作。我一邊工作，一邊感受到媽媽的辛苦以
及她為家庭的付出，只有對家庭的愛與絕對的耐心，才能
面對這反覆無趣的動作啊。

Vegemite
song

　我很喜歡教老外唱「丟丟銅仔」，因為那超級屌；同
樣的，我也很喜歡跟他們學一些鄉土民謠。所以我故意向
這些媽媽們詢問，是不是有什麼民謠，是所有澳洲人都會
唱的？

　答案是：Vegemite song！

　Vegemite是一種類似果醬，像是台灣的豆腐乳又像
是日本味噌醬的東西，是一種用釀啤酒的酵母殘渣及多
種蔬菜和香料萃取物製成的濃稠膏狀食品，味道很難形
容，吃過就知道！它是澳洲引以為傲國民食品，它的廣
告歌更是家喻戶曉。這首全澳洲人都會唱的歌是1954年
J. Walter Thompson Advertising 所寫的，歌詞如下：

　　We're happy little Vegemites
　　As bright as bright can be.
　　We all enjoy our Vegemite
　　For breakfast, lunch, and tea.
　　Our mummies say we're growing stronger
　　Every single week,
　　Because we love our Vegemite
　　We all adore our Vegemite
　　It puts a rose in every cheek.

❸ 3. 簡單開心的回憶

「人」性化管理

　　後來，每當包裝的時候太過安靜，我就會故意大聲唱 Vegemite song，大家可都會跟著唱呢！而這首歌也絕對是在澳洲旅行時融入澳洲人的好方法呀！

　　而在這邊混熟後，我也知道了我獲得這個工作的緣由。原本做我這個工作的老爺爺，因為要跟他的太太去旅行一個月，所以我才幸運的獲得了這個機會。也因為這樣，讓我又再次感受到澳洲公司對待「人」的態度，他們重視人，不是把人當成「機器」。那位老爺爺離開旅遊一個月，回來之後工作也不會丟，相信這在一般亞洲企業很難一見。

　　所以說，即便我的工作速度是爺爺的三倍快，打工薪資也比正職的便宜，但是等爺爺回來後我仍是得把位子拱手還給他。這是一個很棒的企業文化，他讓一位老員工能夠安心的待在公司裡，因為自己的努力而獲得很大的尊重。員工為企業貢獻，企業也照顧員工家庭，這是一個充滿人味的地方。

　　另外，充滿人性化管理的還有充滿彈性的「遲到」與「早退」。由於工作的人有不少是媽媽，為了照顧家庭，她們9點多才來上班，也常常為了要接送小孩而早早離

開。這些公司通通接受！只要和老闆協調好，大家遲到、早退等照顧家庭的行為都是正常現象，反正就是薪水調整嘛，哪像台灣企業常常還要因此罰錢呢。

　　再來就是「超準時下班」。剛開始在這工作時，第一次聽到下班鐘響，由於手邊還有一個盆栽沒完成，秉持著敬業態度，我本來打算把它完成再下班。但這時反而被同事制止，叫我趕快下班。連要收東西要離開時，經理還對我說：「快一點呀！你再不走我要鎖門囉！你要睡在工廠唷？」真令我哭笑不得！在這邊，準時下班才是敬業態度！哈！

最有趣的是，我還曾看過同事們在打卡鐘前面排隊等下班，鐘聲一響，大家就像快閃族一般，瞬間消失。

而就像先前遇到的澳洲企業一樣，這裡也有上午茶與下午茶時間，各約15分鐘。咖啡、茶、牛奶、餅乾免費提供。休息時間，也絕對準時！澳洲人極為重視休閒，重視家庭，工作賺錢都是為了這一切。我們是否應該深思，台灣人爆肝為企業賣命時，真正關心的事情是不是正在你的忙碌之中流逝？

這份工作我好好地珍惜了一個月，但後來因為冬天真的是淡季，訂單也越來越少，公司不得不一一辭退背包客們。我後來又轉到了另一個花卉農場工作，而那又是另一個故事了。

Neo小手札

隨著打工度假的盛行，在背包客人來人往的衝擊下，澳洲企業也逐漸有了不成文的僱傭規定。有些農場因為先前某國的背包客態度不佳，從此將該國籍的人列為拒絕往來戶；也有些農場因為之前背包客打下的好口碑，而造福了相同國籍的後進背包客。

工作或許是你一個人的事，但你給人的觀感或許就代表了整個國家，也會影響勞工供應鏈的微妙關係。打工度假的同時，也別忘了為台灣留下優良的形象喔。

SMTM – Monbulk & Silvan，
花卉農場

花花事業

從 僅次於大堡礁島主的爽缺離職後，我來到另一個花卉農場工作，這是我最後一個、也是做最久的工作。深刻的務農生活，成天與植物作伴、與土壤為伍，蛻變成專業的──採‧花‧賊！

1.依著鐵絲網整齊
排列的花圃

農夫的工作非常辛苦，光第一週我就累得剩下半條命，不過習慣務農後，身體卻也因此變得強壯啦。這份工作內容非常多元，必須要成為一個專業的農夫，我就簡單介紹一下這一份花花事業吧：

②

1.跪著賺（種花）：

2.跪著賺！

　　首先由犁田車鬆土，再將排有整齊方格的鐵絲網以平行土壤的方式架好，就著就是開始種花啦！從卡車上以人工接力的方式搬下花朵球莖並拋在土壤上後，接著便是要「跪」著進行種植大業。

　　種植在溫室內的百合（Lily），必須要用手挖土，把土往後撥出一個深度約20公分左右的小洞，再把球莖整齊放入洞中。而土壤上方的鐵絲網格，正是為了讓種植的花卉能夠整齊有序，一行三格，隨著種植的進行，我們要一格一格、一行一行的跪著往前移動。這是整個農場工作最辛苦的部分，如果前一天下過雨，土壤太過潮濕，土會變得難挖；但若土壤太乾燥，挖好的洞又容易坍塌。一開始做，每天的腰酸背痛定是免不了。

　　而種在室外的鳶尾花（Iris），就容易得多了，只要把球莖整齊往土壤中塞即可。不過雖然比較輕鬆，但同樣也是要跪，忙碌時跪一整天的機會也不少。

　　2.散步賺（採花）：

　　採花是每日必備工作。花只要稍稍開一點點，展露出一些些顏色時，就必須採下；如果等到它開得多了，等送到客人手裡就太老啦。所以每天早上，把初露頭角的花採光是件要緊事，也是整個花花事業中最輕鬆的工作。聽著收音機的音樂，看著美麗的山丘，採花是件浪漫的事！

墨爾本 **171**

但哪有每天都在浪漫的呢？維多利亞的天氣是出了名的詭譎多變，所以自然也少不了在大雨中採花的經驗。踏著雨鞋、穿著雨褲在泥濘的土中打滾，鐵定是乾淨不到哪去，不過卻也因此常有些奇妙體驗——有時天氣太冷，早晨採花，花上還結著霜，採花就成了採冰棒；而一旁爛泥上的水攤，還會飄著浮冰，很妙！

3.兜風賺（載花）：

把花用塑膠布包成一捆一捆後，接著就是扛上卡車，開車將花載往另一個農場的大冰箱存放，由工廠裡的人進行包裝等下一個程序。

開手排四輪驅動卡車感覺很棒，而且澳洲又是右駕，一開始我還常開到熄火，但後來我可是練就出甩尾、以及能在泥濘中掙脫的本領！另外，因為工作需要，我也常常騎著另一台四輪驅動的摩托沙灘車在農場中奔馳，真是過癮！

4.鐵沙掌（清理花籃）：

除了直接種在土地裡的花朵外，有些品種的花是種在裝有土壤的塑膠籃子中；因此，一次的收成完畢後，就要把籃子內整理一番以利下次使用。我們在工廠室內，把已經採收過花朵的塑膠籃翻整一番，挑出裡頭的球莖、葉子，僅留下土壤；由於手一直在沙土中剷來剷去，不知不覺間練就出一副鐵沙掌！

5.洗爽爽（清洗花籃）：

洗爽爽一點都不爽！在把花籃送進清洗機器前，有的人負責把籃子用力互敲，將一些殘餘物打掉，然後丟進機器裡；機器會用水柱把籃子給噴洗乾淨，然後再由另一部分的人把從機器送出的乾淨籃子排列整齊。整個工作就是機械性的反覆動作並伴隨著溼答答的褲子跟鞋子，其實算是個無聊又鬱卒的工作。

6.爬屋頂（修溫室）：

溫室其實是消耗品，風雨吹打下常會壞掉，修補工作當然也就成為我們工作的一環。爬上溫室，把破掉的屋頂用塑膠布換掉，或是重新用木條加強。

配上鋸子、電動螺絲起子、鐵鎚、鏟子，花農搖身一變，我們可成了建築工人。修理溫室的工作費時良久，但一忙起來時間卻過得很快。這個Man味十足的工作我非常喜歡！

3. 爬屋頂，修溫室

總之，在這裡工作感覺就是「機動部隊」，一切農場雜事通包，例如在輸送帶上種植花卉、當苦力狂搬東西、鏟土、除草、灑肥料……，總是有忙不完的事情。做到最後，全農場只剩我一個背包客，打工的我都快成了正職。在農場，只要你是一個「好用」的人，他們不會開除你，只有你做到不想做為止。

電台的潛移默化

而苦悶的工作，最大的樂趣就是聽音樂！除了平日帶著MP3外，最常聽的就是澳洲電台，聽得久了，維多利

4. 這台大黃蜂是我們的音樂食糧

亞幾個知名電台我都已經能如數家珍；兩個多月的潛移默化，我的英文聽力大有進步，已經從完全聽不懂，變成能跟著廣告照著唸啦！

由於這段時間的經歷，我後來習慣聽的音樂，也變成澳洲排行榜上的流行音樂。回到台灣後，聽到那些當時反覆聽到的歌曲，都讓我懷念。

Silvan Boys！

除了音樂的潛移默化外，和澳洲人長期工作自然也學會非常多的俚語。曾有一個同事對我說，我講的英文早就是個澳洲人了，只是……那都是些澳式髒話啊！

但是會說髒話，代表我融入了這個工作團隊，我們這群好夥伴就叫做Silvan Boys！工作時我們會互相叫囂，背地裡也會罵罵討厭主管跟老闆，我們甚至還幫他們取了些

5. Silvan Boys的老大Alen

難聽的綽號！好險有我們Silvan Boys的「舌燦蓮花」，無聊又單純的農場工作變得愉快了許多。

認識好夥伴是值得的，因為他們，才讓這份最操勞的工作變得如此有趣又值得懷念。而且工作雖然辛苦，但是穩定與加班多是它的優點。有時候一加班，一週7天、超過法定38小時的工作時數，配上時薪16澳幣和加班1.5倍薪資，這可是我後來旅行的重要資金來源。

辛苦，但是在泥巴中打滾真是很棒的滋味，是個每天都把自己身體弄髒，但是心裡越來越澄清的一段過程。就這樣，我結束了澳洲的「打工」，繼續我下一段的旅程。

Neo小手札

身在花卉農場工作，當然也要對花的美麗用心去欣賞。在工作中，我逐漸了解了這些花的生命與發展始末，從一顆小球莖或小花苗，經過我們揮汗的努力，逐漸開花、透出笑靨，這生命的喜悅就是花朵帶給人們的感受，這也是為什麼花朵常被人們作為祝福與禮物。

因此我偶爾在下班的時刻，挑幾枝當天採下來的花，用員工價把花買回家。看著這些插在玻璃瓶中的花朵，生活的氛圍因此變得更加美麗。花蕊綻放，而我有幸參與其中，我想這就是當農夫最有成就感的事情了吧！

Monbulk，
澳洲小弟的貝斯教室

無話不談的好友

在花卉農場打工近三個月，認識了一群同甘共苦的
Silvan Boys。而其中和我最要好是一位有趣的澳洲
小弟Dion，我們幾乎成天都膩在一起──一起跪著種花、
一起採花、一起開卡車載花、一起爬上溫室修理帆布、一
起暗地裡罵機車主管⋯⋯我們無話不談。

我真的很高興能認識他。背包旅行中，我認識了很多
來自世界各地的朋友，但他卻是我在當地真正深交的澳洲
好友，也因此讓我認識到墨爾本東邊小鎮人們的生活方
式；也見識到這個小我5歲的澳洲孩子，他有別於我們台

灣人的生活型態與思維。

Dion是比我晚了一陣子才進到我們農場工作的，因此一開始主管要我帶著他一起工作。有一次，我們被分派到溫室中，一起負責扛一籃一籃的土。那時他拿出了盒薄荷糖問我：「Do you want some mint？」就這樣，開啟我們台澳哈拉國民外交！

從一顆薄荷糖開始

Dion對台灣沒有印象，而且他也不太知道背包客是什麼，而他當時連維多利亞州也都沒有離開過！因此，為了讓他明白台灣這美麗的寶島，還有背包客大量充斥他的國家的原因，我努力的教育灌輸茶毒催眠，讓他把視野觸角延伸出維多利亞，甚至告訴他不少澳洲當地的有趣景點；相對的，我也從他身上學會了當地那種遠離塵囂，簡單、快樂，毫無壓力的生活。

澳洲可以買到一種品牌叫做Red Rock的洋芋片，一包要價5澳幣左右，就是150台幣。一包零嘴這麼貴，我實在很難買下去，在那邊我頂多就是買2澳幣的多力多滋而已。有一次，我們哈啦時就談到這個，我問他有吃過嗎？味道如何？

從一包洋芋片開始

他就說他家裡有幾包，問我是不要要去他家玩，吃洋芋片！還可以教我彈BASS！

這麼好的觀摩機會，我怎麼可以錯過！之前我一直幻想，是否到外國朋友家吃飯，都是像外國電影中看到的那樣：全家坐在一起，料理擺得滿滿一桌，還要請旁邊的人幫忙遞麵包、薯泥，一邊忙著用刀叉，一邊開心聊天。

不過……根本不是那麼一回事！

這次去了他家我才知道，原來他們平時吃的都很簡單，三明治、Pizza，偶爾中午多帶幾條巧克力條或營養穀片條，最多就是再加點水果。而今天的晚餐也只是碗燉肉飯。

和他的父母打過招呼後，大家各自拿碗裝好自己要吃的份量，然後各吃各的。他爸拿去沙發配電視，他媽還不

1. 他的薪水最終的
去向

餓所以先不吃，而我們則是端到Dion他房間去配著〈Lost檔案〉吃。哈，和想像的完全不同啊！

看Dion的房間，就知道他喜歡中華文化，牆上掛有寫著「正義」的字畫，床單的花樣則是充斥著「有」、「笑」、「大」這幾個字──我看到之後，一邊翻譯一邊狂笑，Dion也是一頭納悶，這幾個字到底和床單有什麼關係啊。

一轉頭，我看到了他的音樂「傢私（台語）」，這些都是他的寶貝，也是我們聊天時最常談到的話題。他時常說，這週拿到薪水後要到ebay買新的效果器，又或是在哪邊相中了新的BASS──我想玩音樂就是讓他努力工作的最大信仰！

那天他就當起了我的音樂老師，教我如何玩他的Bass。老實說，習慣了彈吉他，6根弦突然變成4根還真令人不知所措，不過凡事都是體驗，我當然不會打退堂鼓，一定要趁機學一下Bass的啦。

Neo小手札

Dion不時都會透過網路告訴我他們那邊的近況，告訴我其他同事們過得怎樣，順便一起抱怨一下以前很討厭的主管，聊得哈哈大笑。

有一次他告訴我，我們之前很討厭的那位主管得了癌症，現在離開工作正在休養，而那主管似乎是獨自生活，家裡只有一條狗陪伴她。剎那間，我非常震驚，而Dion也感到很難過，我們都很擔憂也很關心；突然間那位主管以前的討厭行徑都不算什麼了，反而是曾經一起工作過的情份，讓我們都為她感到很遺憾。當下複雜的情緒，至今都無法忘懷，我與Dion從那之後就再也不曾抱怨了。

想一想，或許我們會討厭某些人，但其實在內心深處我們也不希望他們發生什麼不好的事情。人生無常，有些不愉快或仇恨其實一點都不足掛齒，記得美好的事物不是讓自己更開心嗎？

衷心地希望她可以早日康復。

一個人的單車旅行

BIKING & JUMPING

NEO WAY，

真正在練習的練習曲

用生命感到
驕傲的事

在出發流浪前，曾看過背包客前輩Eli的部落格，看到他在澳洲騎單車旅行時的故事真是讓我熱血沸騰，我也開始想像起那種感覺：放逐於天地之間，用自己的雙腳踩踏，慢慢地移動，慢慢地體會。那時的我真的很羨慕，所以心裡一直埋藏著這個目標，希望自己有一天也可以騎著單車來個長途跋涉。後來，當我看到日本單車神人石田裕輔的《不去會死！》一書後，更加深了我心中的確定：「我要做這件事！」

石田裕輔說，體驗人生是他所企求的，而旅行是一種

手段，是一種可以讓他好好體驗人生的手段；而Eli騎單車旅行，則是要找尋一種毫無拘束的感覺，因為在台灣很難找到那種極致的孤獨感，所以他為了尋找單車旅行的孤獨，才來到澳洲打工度假——或許我們都一樣，追尋著一種感覺，而那種自身獨一無二的感覺，也要靠自己才找得到。

1. 每一條路都是 NEO WAY

　　回頭想想，我曾經為自己的人生奮鬥過些什麼嗎？是鼓起勇氣向欣賞的女孩告白？還是為了進好學校而努力的考試、推甄？我的確在人生中為許多事情努力過、奮鬥過，但這些都仍不足以撼動我的心底，帶給我最深的感動；那種挑戰自己極限、挑戰自己意志，努力一件事情，只為給自己一個重要的交代——我想，我要做的就是這樣的事。這件事情無法得到獎杯、無法得到文憑、也無法得到美女的擁抱，但是完成了，我會用生命感到驕傲，不管別人是否覺得微不足道或是覺得我瘋了，但對我來說，這件事，一定要去做！

　　既然下定決心，那麼就要做好準備。單車環澳的過程

練習中的練習曲

中，可能是城市到城市，也可能是從荒野到下一個荒野，這是一件正經的事，絕對需要詳細的規劃與練習。所以在存夠單車裝備與旅費之前，醞釀之餘最重要的就是「練習」，這個夢想絕對是要鐵腿完成的，所以要練習、練習再練習。

　　在Robinvale農場生活的時候，沒有工作的週末，我就跟老闆借了台單車，自顧自的在遼闊的農場奔馳，一邊練習，一邊想像一下未來長途跋涉的感受。借來的單車雖然車況不佳，但卻仍能載著我到處恣意探險，由於農場一帶到處都是葡萄園，每個地方都很像，非常容易迷路，因此這還真的讓我「練習」到了——不管是腳力，還是面臨

2. 農場一角
3. 農場一帶，沒有葡萄的地方就是這樣一望無際的平原，很容易迷路

迷路困境的心理建設。

當時的練習，曾讓我在一天之內演奏了一段高潮迭起的「四重奏」：

1. 迷路：

自以為方向感很好、自以為記憶力很好、自以為體力很好、自以為不用帶水跟指南針出門就可以騎到目的地，這一切都是自以為啊！最終還是逃不過迷路的命運。

烈日當頭、口乾舌燥，剛才是左轉還是右轉了？這間農舍怎麼跟上一間農舍長得一樣？當海市蜃樓就快發生的時候，只能趕快偷採些路邊的葡萄補充點水分；但我也知道偷採是不道德的，所以我只能一邊跟渴望奮戰，一邊努力的找出原路回家。

其間我也有打過手機給待在農舍的朋友Ken求救，但我因為也說不清我在哪裡，他要救也沒得救起。從那次之後我就認清了：單車旅行一定要準備好隨行物品，適當的工具與補給，在需要的時候絕對能救你一命。

2. 惡犬：

農場的人喜歡養狗，就跟我台灣的爺爺家一樣，鄉下一帶狗兒特別多。

那天我才騎到一半，就突然聽到背後傳來怪聲；回頭一看，大驚！一隻面容醜惡的大狗居然追了上來。當時雖

然早就因為迷路而騎到鐵腿，但仍是不知從裡生出一股力量，讓我迅速飆離那裡。

只是後來迷路的我繞著繞著一直找不道路，最後還是決定要沿著這條路繞回去時，一想到又要面對這隻狗真的讓我心裡超囧的。

還有一次，我跟Ken兵分兩路各自去探險。騎到一半，我打電話給Ken詢問他的狀況。這時，遠方突然出現一個小黑點，然後慢慢地越變越大，聲音也越來越近⋯⋯天啊！是隻黑色大型惡犬正向我撲來！

我到現在都還記得那時候的對話：「哇！！！欸！不講了啦！有狗衝過來了，我先應戰一下，掰！」

大狗撲過來的速度超快，一看就知道是逃不過牠的飛毛腿了。急中生智，當下我立刻跳下單車，拿單車擋住牠撲向我的動線——就好像鬥牛士一樣，我的單車就是我的紅布條，一人一狗就這樣跳著心機的華爾茲。我一邊擋，一邊快步的走離他的勢力範圍，直到牠停下腳步後，我才趕快上車騎走——這個急中生智的防衛方法很聰明吧！我也一直引以為傲，直到某次我碰到兩隻惡犬攔路時才破了功——擋住一隻，另一隻就會繞道，這根本是包夾啊！

那次的經驗到現在我還搞不清楚是如何逃離的，只記得自己一邊亂叫，作勢讓牠們明白我也不是好欺負的；另一方面也希望該處農舍的主人聽到聲音可以出面搭救一下。我舉著單車的盾牌左右開弓，希望面面俱到，一整個就是狼狽。

3. 犁田（台語）：

騎車跌倒，在台語中我們用「犁田」來形容，那我騎車在農田小徑中跌倒還不正是正港的「犁田」嗎？

那天我騎著的是馬可小弟的越野車，騎得好遠，當我好不容易找到回程的路時我決定狂飆回家。當時的我不知道越野車的設計與一般單車不同，當踏板往後踩時，就是

後輪煞車。那次我一路暴走，在騎下坡路段時更是被風吹到都快飛了起來，但可能是一不小心往後踏到吧，車子當場就失控翻覆，腦子還沒意識到，人就已經犁田了。

其間我或許一度失去意識了吧，總之當我回過神後，看到自己仍倒在道路上，為了怕被來往車輛輾到，就抱著傷勢趕快把單車跟自己拖到側邊。不過傷勢還好並不嚴重，手背擦傷、左手腕扭傷，腫得跟銀絲卷一樣，害我好幾天都不能採葡萄啦。

4. 烙鏈（台語）：

烙鏈不用多說，停下來修就對了，不然總不能從一望無際的農地走回去吧？

可是那天我「犁田」後，屋漏偏逢連夜雨，居然烙鏈啦！功能正常的手只剩下一隻，那還真是難修啊！而越野車又偏偏比一般單車還難搞，在路邊弄了半天，被毒辣的太陽好好的折騰了一番。

就這樣，精采的練習曲四重奏讓我學了不少教訓。

然後隔天，我照常用剩下的單手騎車探路，再一次因

4. 剩一隻手也要繼續冒險！
5. 發現美麗的木屋

騎錯路而多花了一個半小時，也因此又看到了一些意料之外的美麗的風景。烈日曝曬、耗盡體力後，回到家喝的那一口水真的是甘霖呀！

隨著一次次的練習，體力與耐心也漸入佳境，更了解到單車環澳需要詳盡準備來面對一切突發狀況。做好了心理和身理的準備後，接著就是存好錢、準備好單車，上路啦！

Neo小手札

在寫這篇文章時，回憶起這些糗事，連自己都覺得非常好笑。但事實上手部的扭傷，在當時卻讓我困擾很久，即便後來回到台灣，因為手腕仍時常不舒服，於是去看了醫生。經過仔細檢查後才發現，原來當時有傷到骨頭，雖然沒有大礙，但是卻又花了好一陣子才漸漸痊癒。

平安健康真得比什麼都重要，對自己負責任就是應該盡力把自己照顧好，身體在海外有任何異狀還是要尋求醫療照護，絕對不要勉強與忍耐。打工度假這種長時間的旅程，出發前有些預防與準備的工作是可以在就台灣先準備好的，例如旅遊意外險，這通常以半年為一期，兩期剛好是一年份——由於國外的醫療非常昂貴，如果不幸意外發生，有個保險才不至於損失慘重；而出發前也請記得做個牙齒健檢，台灣的牙醫可是有名的便宜又大碗啊！

另外，如果有特殊症狀或是需要服用特定藥物的，也請先備齊合適的份量或是先查詢海外入手的途徑與資源，這些功課非常重要，不但讓自己多點保障，也讓愛你的家人安心。

中華民國外交部 旅外國人急難救助服務專線資訊：
http://www.boca.gov.tw/ct.asp?xItem=1806&ctNode=757&mp=1

Simon，「不去會死」的 賽門英雄

認識

背包客的閒聊中，每次一定都會聊到：「你下一步的計畫是什麼？」而每當我說要騎單車旅行後，一般都只會換來一句：「你瘋了！」不過有一次，當我這樣跟我的英國朋友說後，他介紹了他的朋友給我，一位來自東歐斯洛維尼亞（Slovenia）的Simon——他在我心中，是英雄，所以我都稱他為賽門英雄。

還記得那天，當英國朋友領著我走向Simon的時候，我被他的模樣給嚇到了——他滿臉腮鬍，一臉頹廢，根本就是流浪漢的模樣——不過當我告訴他，我打算騎單車在

澳洲旅遊後，他頹廢的眼神中立刻閃露出一絲振奮，接著更不斷地鼓勵我去單車旅遊。

Simon對單車旅行之著迷，完全可以從他的言行舉止中看出端倪。當我們在背包客棧的房間裡安睡時，只有他依然堅持在客棧一旁的草地睡帳棚過夜。他要騎單車體驗流浪，而這一騎，就騎了11年！雖然中間也曾停頓過，但他現在依然在騎，已經騎遍了許多國家。

旅行的光芒

同樣瘋狂、同樣頻率的人一湊在一起，聊起來就是沒完沒了。他把他在世界各地騎車的體驗跟我分享，看著他給我看的照片，還有他講起冒險時的神情，眼神中彷彿閃露出光芒。盯著他侃侃而談的面容，我真的被他背後強大的行動力給震撼到了。

那種感覺很不一樣，和聽著一般人講述出遊的回憶與故事完全不同；聽著他的故事，我感受到他的旅行是另一種層次的境界——當你身體力行，靠你的雙腳與意志力到達每個地方，那種感受絕對有別於搭飛機或是搭車。有時過著野人的生活、有時候遭遇困難險境、有時又遇到貴人幫助，那是種格外強烈的感受；在他的形容下，即便是挫折，如今也都成為最甜美的果實，讓他的笑容更加的燦爛。

我聽他傳授著單車旅行的小撇步：如何用最少的水完成烹飪、盥洗與煮咖啡；提醒我為了讓單車好騎，最好讓前輪的載重比較重……聽著他這些經驗談，更像是一把火點燃了我心中的衝動。過去看著書本、網路，如今卻是一個真的體驗過的人對著你侃侃而談，感覺變得越來越真實。感謝Simon給我超多的經驗傳授，也讓我對自己的旅程想像更具體化啦。

聽完後，我已經迫不及待要開始我的冒險了！那種騎單車旅行時的真正感受，我好想好想體驗啊！當天地只剩下你跟你的單車時，你與單車的革命情感還有所有看到的

畫面，那將會是多麼令人感動的一刻？我也好期待那些不可知的磨難與意外的狀況，因為Simon的神情已經深深的烙印在我的心中，到底是經歷過什麼樣的體驗，才能讓他的眼神綻放出這樣的光彩呢？

流浪漢的模樣，眼神卻是心靈富足的光彩。賽門，英雄！

Neo小手札

當你進行一件打從心底認同的事時，你的堅定讓你奮不顧身，你的期待讓你躍躍欲試，你漫天飛舞地比手畫腳，你瘋狂地描述著你的想法——就在那個時刻，朋友對你說，你整個人好像在發光！

當我第一次聽到有人這麼對我說的時候，那真是至高無上的誇獎！不只是驚喜，我高興到整個人愣住了。也從那一刻我才發現到，原來單車旅行真的讓我產生了蛻變。然後，我回想起當初見到賽門英雄時的那一刻，當我聽他講述著單車旅行的故事時，我總覺得他的表情在發光，那光芒是種信仰，是種莫名的驕傲的強大力量——而我，似乎也在旅行之中找到了這股力量：那就是「夢想」的力量！

321，我買車啦！
RIDE NOW！

葡萄換單車

　　採葡萄的工作大部分是論件計酬，很辛苦、也很無聊；如果MP3聽到一半沒電，時間就會變得更難熬。但是目標會帶給人們力量——每採一箱，我就可以想像到，煞車線出現了；每採一天，輪胎就現身了……就這樣一點一滴，大量的葡萄，最終一定可以換到我的車！

　　2009年3月21日，領了薪水，辛苦採摘的葡萄終於變成了足夠的鈔票，我來到單車店把我未來流浪冒險的好夥伴騎了回家。我在澳洲終於擁有了車子，我的捷安特單車！不吃油的他，只接受熱血，是我靈魂的夥伴！

其實買單車這件事啊，也有個意外的小插曲。Mildura有兩間單車店，一開始我是我先到規模較大的那間去看，和老闆溝通過我長途旅行的想法後，他推薦了我幾款非常昂貴的單車，但那都遠遠超出了我的預算！於是我帶著稍稍失落的心情，前往下一間車行Bicycle Superstore尋找我的靈魂伴侶。

很幸運的，在店裡我認識了Michael與Mark，在知道我對於長途旅行的需求後，他們非常友善且熱心的讓我看了幾款Made in Taiwan的捷安特（Giant）車種，不過因為我的預算只有約500澳幣，能選擇的真的不多。

在挑選的過程中，無意間，我瞄到牆上掛著一台捷安特，原來那是老闆Mark的——這台車他只騎了幾天就不騎了，打算換騎別款，所以現在算是二手車。但不管怎麼看，這台車還是閃閃發亮，根本就和全新的沒什麼兩樣！這台車的原價是1200澳幣以上，和一旁的車子相比，它最輕、最耐操、零件最好——而幸運之神或許是眷顧我的，可能是因為我們聊得很開心吧，最後他們居然以499澳幣的價格把這台車賣給我！

Mark

1. Superstore

那一刻我還真不敢置信！我想「二手」只是個理由，因為我也強烈地感受到他們想要幫我圓夢的好意。旅行開始地第一天，我遇到了貴人，原來我抱著夢想時的笑容那麼值錢啊！

而環顧店內，牆壁上面掛著許多的獎牌與照片，那些都是Mark的，他以前原是個職業車手！看著牆壁上的那些豐功偉業，知道我的單車來自於他，我也倍感榮幸。

溫馨的腳踏車行

Michael和Mark人真的好得沒話說。因為身上帶得錢不多，要買齊所有裝備必須分成兩三次，他們二話不說，照樣給了我一次買齊的折扣；而他們知道我要長途旅行的需求，因為原車的輪胎較偏越野，騎長途不省力，於是又不收錢地幫我換了兩組全新的輪胎；另外，又免費幫我裝上約30澳幣的腳架（Kickstand），加贈兩個水壺架（Bottle Cage）、兩個水壺（Bottle）；最後，因為我試騎後覺得龍頭需要調整，他們又幫我免費換了一組全新的龍頭支架（Stem）——能遇上他們真的是非常幸運啊！

從此之後，這家Superstore變成我三不五時常來的地點，也認識了一些常來店裡的單車愛好者。而Michael他更是非常棒的朋友，一直給予我許多幫助，在他身上我學到一些些的修車技巧、各種裝備的功用，也在他的指導下陸續補齊了裝備：安全帽（Helmet）、前後車燈（Light Set）、大鎖（Lock）、內胎（Tube）、補胎貼紙（LeakFix Adhesive）、挖胎棒（Easylift tire

4. Michael

lever）、工具組（Bike Tools）、後照鏡（Mirror）、手套（Gloves）、打氣桶（Mini pump）、前後馬鞍袋（Front and Back Pannier Bag）、前後行李支架（Front and Back Rack）……等。其實直到後來我才發現，除了單車本體，湊齊其他裝備所累積起來的花費也是貴得嚇人。只是這必定值得！因為只要真心地想要去完成一件事情，這點問題又怎麼能成為阻礙呢？

就這樣，一顆一顆、一袋一袋、一箱一箱的葡萄，終於轉變成了性感動人、帥氣十足的戰車啦！

Neo & Black

在真正的旅途開始前，我已經做過多少次單車旅行的夢想了呢？在幻想中，我買了一台全黑的單車，然後戴著黑色的安全帽——因為我認為黑色是沉著、黑色是強悍、黑色是浪漫、黑色更是搖滾！所以我要把我的戰車取名為「布萊克（Black）」！

可是回到現實，我現在這部單車卻是藍白色的耶，我一點也不想叫他小藍或是小白，於是命名又讓我困惑了一陣子。但最後，我還是決定叫他「布萊克（Black）」了！不管，我說了算，因為他富有Black的靈魂，生日是2009／321，好！就這麼決定！

有了Black的陪伴，我終於晉級為有車階級！翻開地圖，對哪裡感到好奇，我就能騎著單車殺過去看看，單車

5. Neo Black

旅行，就這樣開始了。

　　而壯遊的第一站，就是Superstore！

　　我去找Michael，謝謝他給予我這麼多的幫助，然後我們擁抱道別。我送給他那張自製的跳躍明信片，並在上面寫著：「Superstore, super bike and super Michael！」感謝這個超級貴人。

Neo小手札

　　《牧羊少年奇幻之旅》一書中說：當你真心渴望一件事，全宇宙都會聯合起來幫助你。

　　我深深地相信這種吸引力法則，我要努力當個恆星，吸引行星與衛星圍繞著我。而那一刻，我很慶幸自己是這麼地努力，所以我才能如此幸運的得到我的好夥伴Black。

　　說起與Black的緣份，或許要回溯到小時候在鄉下的爺爺家。那時爸爸買了一台二手單車給我，這我人生的第一台單車——在我努力的拿砂紙把輪圈上厚厚的生鏽一一磨除後，我騎著他在鄉下間到處遊玩，而這台車正是黑色的！而或許就是因為他，我對單車有了獨特的情感，一直到國高中為止我都是騎著單車上學的。

　　321這一天，就像倒數計時一般，我的務農少年奇幻之旅正式展開！

挺進沙漠，
找尋世界遺產

「 這不是單車環澳，這是單車旅行，我沒有想破什麼
　　紀錄，或是達成什麼里程碑，我是想用環保的方
式、緩慢的速度去探索每塊土地，體會小城鎮、小村落、
小池塘，遇見小老百姓。就是想用這樣的方式去親近、去
感受、去學習、去體會。」

　　壯遊第一天，我就選擇挑戰最嚴苛的環境，我想，只
要我克服了，往後的路應該就會越來越順遂了吧！

　　一個人的長途單車旅行，開始！

　　目標：世界文化遺產，澳洲人類考古起源地──新南

威爾斯的蒙哥國家公園（Mungo National Park）

當我待在維多利亞北方的Mildura時，在那裡的販賣的明信片常常都可以看到Mungo National Park的風景，那畫面好美，我一直都在心中惦記著，也暗自下定決心，一定要親眼看到那樣的風光。

源自於明信片的
緣份

位於新南威爾斯的Mungo National Park，距離Mildura有110公里遠的距離，在旅遊服務中心（Information Centre）有很多旅遊行程可以報名，一日旅遊團大約100澳幣左右。由於一直很想去那邊看看，所以有時我也會跑去Information Centre做功課，櫃檯小姐叮嚀過我，如果要去，記得一定要租四輪傳動的車，而且出發前也一定要確認好氣候狀態以及前往Mungo的路是否有封閉等旅遊訊息。

1. 目標：Mungo
National Park

還記得那個時候，我就問櫃檯小姐說：「騎單車去可行嗎？」小姐皺了眉頭，不可置信的看著我，想了很久然後說：「嗯⋯⋯很困難，但還是有可能啦！要帶足水跟食物，不然你會死在那邊。」

事後回想起來，那時的我好像直接把「很困難」給省略掉了，最後只記得「有可能」這三個字，也因此才有了後來的沙漠探險之旅。

把一切家當都綁上車後，騎著我的坦克Mr. Black就開始了我一個人的單車旅行。

荒漠中的火光

全副武裝的移動坦克，剛開始我還以為會因為過重而

踩不動呢，但事實上卻還滿容易的。於是我又更興奮了！原來一切是可行的，而且正在進行，那些長久的期待終於實現了！

當我正一頭熱的興奮時，前往Mungo的柏油路卻突然消失了；眼前迎接我的，是充滿砂石的道路。惡劣的路況，讓我的行車速度大幅降低，或許難關正要開始了吧！但我絕不放棄，我的裝備充足、食物充足，再怎麼樣我都要挺進沙漠，看到世界遺產，一定沒有問題的！

聽旅遊中心的小姐說，開四輪傳動的車子從Mildura到Mungo大約2小時。那單車呢？那一天由於路面滿是砂石，有時候快、有時候慢，許多時候甚至必須用走的；推著沉重的單車在那亂七八糟的沙漠中行走，很多時候都差點跌倒，或是輪胎陷入沙中動彈不得。但我才不管，只要一直前進，目標就一定會到——就這樣，我花了8個多小時，終於在天黑的時候抵達地圖標示的Mungo露營地。

到達之後，我已經精疲力盡。而因為天色已經暗了，我看到有個露營車透出燈光，便想過去當他們的鄰居，好利用他們的燈光方便我搭帳棚。或許是我這台載著大包小包行李的單車太招搖了，才剛靠近，鄰居就過來問我說：「這是你的單車嗎？」、「你該不會是騎單車來的吧？」、「Are you crazy？」

「Are you crazy？」這是我那陣子最常聽到的一句話，聽過我單車旅行計畫的人大都會以這句話做結尾，我早就聽習慣了。而雖然大家都說我瘋了，但他們的眼神往往也透露出尊敬；對我來說，如果你有夢想與目標想去追尋，但卻遲遲還沒有去做，我想，那才是真正的瘋了。

2. 駱駝的腳印？

總之，或許就是我騎單車的怪異行徑，反而讓我認識了露營車上的強那森一家人，友善的他們約我共進晚餐，和我開心暢談，免費的牛肉、啤酒，還聽了好多故事——當然，他們也聽我說了不少故事。最後，他們硬是送我一盒真空包裝的牛排和一顆橘子，要我在旅行途中好好補充體力。啊，又遇到貴人了，超感恩啊！尤其在沙漠中騎了一天的單車，如今可以喝到冰涼的啤酒，真是太好啦！

Mungo National Park於1981年被列為世界遺產，是考古學的重要遺跡，26000年前世界上最古老的火葬證據就是在此發現的；挖掘出來的器具也證明，超過40000年前有原住民居住在這裡。該遺跡有370000萬公頃之大，感覺永遠也挖掘不完，我想這邊的考古學論文與期刊會永遠都寫不完啊，一本接一本，學者不死，為了歷史被搞死。

3. 早上起來才發現，我的帳棚居然搭在了蟻窩上！
4. 友善的強那森一家
5. 野戰廚房

世界遺產

來到Mungo National Park，我先去該地的旅遊服務中心做點功課，並順便看了展覽。接著湊在旅行團旁聽了一陣子原住民講的故事，最後，就是向我心儀已久的風景邁進

6. 旅遊服務中心的
展覽
7. 千萬年淬鍊的美麗

帶著單車也能
搭便車

繼續向前衝！

──The Wall of China，翻譯為小長城，就像天然的萬里長城那樣綿延出去，白色沙牆約有30公里長，穿越過Mungo National Park──明信片上讓我神往的畫面就是這個，經歷過辛苦的汗水，眼前的風景是如此的美麗。

　　回程時，我估算了一下時間，要在天黑前離開這砂石路段是絕不可能了。由於前頭已經騎四五個小時的路，體力逐漸透支，而眼前的道路卻越來越難前進，我實在不想在這樣的路邊搭營。這時，我突然想起法國朋友Nicolas說的故事，他說他曾經從布里斯本用搭便車的方式到達雪梨──腦海中念頭才剛閃過，下一秒我的手就已經朝著馬路伸出了大拇指，也不知是哪來的勇氣。而幸運始終是眷顧我的，在不久後，我就和Black搭上了好心的史蒂芬妮小姐的休旅車，離開了沙漠。

　　單車旅行的第一站，我就直接挺進了嚴酷的沙漠。這讓我開始考量到一些先前沒想過的問題，也使我知道自己還缺乏哪些裝備與準備。而這次的體驗，我也面對著我自己，真實的感受到自己的堅強與軟弱──為了一個目標可以不顧一切奮力衝刺的感受，為了逃離疲累只想軟弱地尋求舒適的感受，在這兩種矛盾心情下的旅行，好像更能真切的體會自我。

　　而騎著單車，我感受到的不只是內在的世界，外在的

世界也一樣是一段全新的體驗。看到前方的景物從模糊到慢慢逼近，一幕幕景色由遠而近又由近而遠；耳朵聽著鏈條清脆的摩擦聲，路上人們的加油打氣。風吹拂臉頰，單車向前滑行，好像我也隨著風漂流。原來，我是風，我是大自然的一部分，體會與享受。

8. 繼續向前衝！

　　人生第一次到沙漠，沒想到會是騎腳踏車去，這奔去又逃離的過程，雖然一個人努力著，但是我知道總有人為我加油，我從不寂寞，所以更有勇氣繼續騎下去！

Neo小手札

　　在史蒂芬妮願意載我一程的時候，單車卻成了一個小問題，似乎有一點難塞進她休旅車的後座。當時想說就把單車輪子卸下來就好了，所以就去押前輪的快拆把手，這時才赫然發現我的快拆把手被負載馬鞍袋的車架給擋死了，輪子根本拆不下來。但如果要先把車架拆掉，我的單車萬用工具組裡竟然沒有合適的螺絲起子！弄了半天，輪子還是拆不掉，最後還是只能硬把車子塞進休旅車中。

　　但是這次之後我才知道，原來自己缺了這麼重要的一把螺絲起子。輪胎拆不下來，當然也別想要補輪胎了！離開沙漠之後，第一件事就是殺去買螺絲起子！

進攻南澳，
餐風露宿

結束Mungo沙漠之行後，我又回到維多利亞的Mildura，然後從這裡開始往西邊的南澳騎去。大方向是往Adelaide，然後依序探索途中的每一個小鎮——我對這些小鎮的認知大概就只是地圖上看過的名字而已，那裡到底有什麼樣的風景？又會遇到什麼樣的人們呢？這就是我「好奇」又「好騎」的原因。一路上我緩慢的欣賞，遇過下雨、遇過強風，到達Adelaide共花了9天的時間，但是我永遠也忘不了騎去南澳的日子。

世界上最遙遠的
17公里

從維多利亞北方騎到南澳的東邊，第一個會遇到的是Renmark小鎮，距離約144公里遠。那天才剛過中午，看著路上的標示，我卻已經挺進100公里，時間還頗充裕。於是接下來的路程我輕鬆以對，一遇到感興趣的地方就停下來，看到湖、看到鳥，每一個景象我都好奇、每一處風景都值得拍照。不知不覺間，才發現......夕陽無限好，只是近黃昏......糟糕了，天居然已經要黑了！。

在澳洲，天黑騎單車非常危險。一望無際的到馬路上幾乎都沒有路燈，沿路還有大量的柯博文大卡車在路上奔馳。為了避免這樣的情況，我死命的往前衝刺，終於騎到了南澳的檢查站——檢查站通常設立在跨州界的地方，為了防治蒼蠅或其他蟲害，跨州的車輛都要停下來受檢查，嚴禁攜帶蔬菜水果——一邊接受檢查，我一邊詢問工作人員離這邊最近的車屋公園（Caravan Park）還有多遠。他告訴我，還有17公里。

再度騎上道路，天已經黑了，氣溫迅速降低，我趕緊穿起外套，把車頭燈跟車尾燈都裝上，並且把車尾燈設成閃爍狀態。即使這樣，每當有卡車呼嘯而過時，我還是會先把車子滑行到路邊讓他們先過，以策安全。

雖然僅剩17公里，但沿路玩的太過愉快，現在的我已經漸漸沒有體力，腳似乎已經失去了施力的知覺，唯一鮮明的感受是——腿快抽筋了。萬一腿抽筋了怎麼辦？我有力氣推車推到目的地嗎？我好想趕快離開這條高速公路，但我又不得不放慢速度來避免大腿抽筋，在這辛苦又矛盾的掙扎中，天

1. 途中經過的檢查
   站，17公里長路
   的起點

色已經暗到看不見路上的指標了，我必須拿手電筒去照才能知道還剩下多少公里。這17公里，似乎成了無窮盡的踩踏。前方是一片漆黑，看不到盡頭，我只能朝著無止盡的往黑暗繼續前進，這真的是世界最長的17公里啊！

Caravan Park

終於，我看到了遠方鎮上的一絲光明，那是希望的明燈！

騎著單車，我終於找到了一家Caravan Park。不過事情似乎還沒結束，這裡的員工對我非常不友善，原本還要趕我走，最後在我哀求下收了我18澳幣，更在晚上8點就把廁所鎖起來不給人用，服務態度一整個惡劣。

那一夜，9點躺平，一覺睡到隔天8點多，真是累爆啦！

不過有了這次教訓之後，未來的規劃，一定給再預留更多的緩衝時間才是，因為我完全無法預知前方是下坡還是上坡。玩樂雖然重要，但安全永遠是第一，因此我給自己定了條規則：「吸血鬼夜裡活躍，陽光男孩則是白天瘋狂騎單車，所以天黑騎車絕對要避免！」

缺什麼補什麼的生活

在Caravan Park住了一晚，我又開始胡思亂想了起來。人要生活，所以餓了就吃、冷了就穿、無聊就玩，但是背包客的生活是更加凸顯了「缺什麼補什麼」的意義：缺錢就找工作、英文不好就學、要省錢就自己煮，所以背包前輩Eli才說：「人生，是個加長版的打工旅行。」

而長途單車旅行，「缺什麼補什麼」的道理似乎又變得更加顯著了！單車壞了自己修、輪胎爆了就自己補、衣服包包破了自己縫、找地方裝水、找商店儲備糧食、找地方露營、找躲雨的地方、找人說話……背包客真正的意義，或許就是從這些「補足自己不足的地方」而慢慢學習成長！

餐風露宿不要緊，因為我擁抱了更多，更多，比想像的還要多。

2

3

極端的享受

　　在Caravan Park搭著帳棚過夜，睡得自然沒有床舒
服，但是在星光下睡去，聽著蟲鳴鳥叫，還有小動物跳
到河裡的一切聲響，那是真正的大自然天籟。讓我一覺
好眠。

　　緩慢的前行，才能發現路旁的袋鼠骨頭、聽到那特別
的鳥叫，還有很多很多屬於我的私房景點。在蠻荒地帶，
喝到一瓶冰涼的可樂，那是最好喝的飲料；在騎到脫力、
餓到發荒時，一鍋熱呼呼的泡麵，那是最好吃的一餐；
連續幾天無法洗澡，卻意外發現Caravan Park附有浴缸
時，那是最舒服的一次沐浴；在荒涼的山谷間，沒有咖啡
館，我喝著自己泡的熱咖啡，向遠方說聲cheers！

　　越辛苦，享受就更加極致。

2. 餐風露宿的生活
3. Cheers！

Neo小手札

　　心裡想的畫面是單車壯遊的豪邁，但是身體面對的卻是流浪漢的狼狽。
有時候我忍不住會想，為何舒舒服服在背包客棧吹冷氣的日子不過，竟然
選擇了苦行僧的方式來虐待自己？但越是這麼想，我就更應該用自己的每一個
毛細孔去好好體驗，越是這麼想，我就更覺得慶幸，因為我居
然有機會能夠體驗這麼難得的生活，既然這樣，我就更應該用自己的每一個
毛細孔去好好體會！如果追求幸福舒適的生活是人類的天性，如果未來我必
定會舒坦的躺在冷氣房中，那麼此時的修行、此刻的顛沛流離，不正是一種
意外且難得的幸福與體驗嗎？我又怎麼能不甘願呢。

在風雨中飛舞

「 雖然下雨，但是雨總是會停，也因為有雨，我才得
以看見彩虹！」

旅行到澳洲已經超過四個月，而這四個月以來，下雨
的日子加起來不到一週。可是當我開始單車旅行後，雨就
開始下，所有的雨通通下到我身上啦！

帳棚淹水啦！

單車老手賽門英雄曾告訴我說：下雨的時候，躲在帳
棚裡就好啦！

「嗯！好，我會的！」當時的我就這麼回答，似乎一
切都是理所當然。

可是某一夜，我在一個河畔搭營，當晚的雨越下越
大，風也是毫不留情地狂吹。睡到一半，腳邊突然感到有

些冰涼，原來帳棚側邊與地面接縫處居然開始滲水進來！我拿出雨衣綁在帳棚受風處加強遮蔽，再拿出夾子把滲水的地方夾起來，最後拿毛巾把水擦乾。可是毛巾才剛吸完，馬上又有雨水滲入，吸完擰、擰完吸，不知道奮戰了幾個小時卻始終效果有限。

　　眼看這樣下去不是辦法，我的腦中開始思考起對策：似乎在不遠處有一台車屋，或許可以敲門求救？又或者，遠方有一棟小屋，也許可以把裝備都移到屋簷下，暫時躲避？

　　但為了怕深夜打擾會嚇到人，我一直猶豫不決，可當下的狼狽模樣實在已經不允許我想太多了！

　　急中生智，我突然想起途中曾路過一個鐵皮屋簷的遮雨棚，腦子才剛閃過這個印象，我就開始著手收拾裝備：先把一部份東西隨意地掛上單車，拿出雨傘、手電筒，再把單車當作手推車，推著我的家當開始前進，邊走邊找那印象中的遮雨棚。風雨交加的夜晚，雨傘似乎也是白搭，手電筒微弱的光線更讓我不知踩進多少灘爛泥堆中。好不容易，遮雨棚終於出現了！

1. 救命的遮雨棚

　　來回兩趟後，我終於在一片混亂中把東西全都送進了遮雨棚。至於最後剩下的帳棚，我也懶得拆了，直接把整個帳棚抬起來，一邊抵抗強風的風阻，一邊硬是把帳棚給送進了遮雨棚內。

　　狼狽了這陣子，我早已累壞，身體擦乾後我就直接

睡死。迷濛中，我隱約聽到河邊有動物跳進河裡的聲音，但我才不管，就算是鱷魚我也不想管了。累壞的我，睡就對了！

　　經過這麼折騰的一晚，隔天一覺醒來，腦子還多少有點混亂。拉開帳棚拉鍊，才探出頭去，我卻發現自己居然被一大群鵝跟鴨子包圍啦！牠們一直叫一直叫，看來昨天就是牠們在這邊跳水啊；那種感覺超妙，而牠們一發現我後就通通快速落跑。至於我，望著河邊，真是好美。

再度搭便車

　　之前去沙漠旅行時，我曾經在疲累大神的眷顧下，鼓起勇氣搭了一次便車；而後來，我在迫不得已的情況下又嘗試了一次。

　　有一次我騎到某個小鎮，那裡的住宿超級貴，沒有100澳幣誰也別想待下來，而且連個讓人露營的地方也沒有。看看手錶，已經5點多了，當時的氣候大約6點就會天黑，雖然地圖標示下一個小鎮會有露營地，但卻還相距14公里遠。老實說，這距離確實有點遠，但再這麼遲疑下去也只是浪費時間，我這個超級過動兒當然還是選擇衝啦！希望能在天黑前趕到下個城鎮。

2. 豪爽的Peter

❷

可是人算不如天算，騎到一半，大雨就落了下來，在風雨中掙扎，又濕又冷，非常痛苦。雨勢越來越大，這樣下去我非找個地方躲雨不可，但是那樣就勢必得面臨天黑的情況，怎麼辦呢？一時間，我想不出有什麼法子能夠解決這個困境。

張望間，我看見路旁有一間屋子，門口停著卡車──剛好可以載我的單車！當下我想都沒想就衝上去敲門，希望能求得主人讓我搭一趟便車。

敲門呼喊了幾聲，卻沒有人回應。雖然只有一瞬間，但我當時的心情還真是複雜──一方面覺得自己怎麼臉皮這麼厚，似乎不該這樣麻煩別人；另一方面又很擔心該不會沒人吧，這樣我又該怎麼辦呢？

就在自己上演著內心戲碼的同時，有個男子出來應門了。

來應門的是豪爽的Peter，我非常不好意思的問他：「那卡車是你的嗎？能否載我去約14公里遠的那個露營地呢？」

他毫不思索，當下就立刻答應了我的要求。耶比！得救啦！

貴人Peter是蜜蜂農場的主人，他家的蜂蜜外銷全世界。在車上的時候他告訴我，我真的很幸運，因為平常他很少在家，這次是他剛好回家拿東西才碰巧遇到了我。而他真的很會照顧人，離別前特地留下了名片跟聯絡方式給我，要我別客氣，遇到任何困難都可以找他。有趣的是，其實先前他也碰過一個日本來的單車旅行者唷。

真的很謝謝他，下次，我一定會去買你的蜂蜜的！

不知道是不是因為老天爺特別喜歡我？但我在單車旅行時，似乎總是會遇到下大雨的天氣。當你全身溼透，裝備又濕又重，然後看到露營地變成了一片水鄉澤國時，那種心情還真不知該如何形容。

貴桑桑的小木屋

3. 哇塞！住進了小木屋！

那晚，我忍痛砸錢住進車屋公園（Caravan Park）的小木屋（Cabin），45澳幣一晚，真的是超級貴！

貴雖貴，但那時實在是無計可施了，而且平均把錢分攤到每天的開銷中，勉強還能接受。於是我終於說服自己住了進去。而住小木屋確實是值得的，裡面什麼都有，這讓我突然懷念起以往舒適便捷的生活：電視機、微波爐、床鋪！啊，看到床鋪我超開心的！當下馬上變成趴趴熊往床上一撲，好久沒躺到柔軟的床啦！

不過躺也只躺了一下，我可不能像趴趴熊那麼慵懶，我還要起來修車呢。

騎到Adelaide的9天路程，其中一共爆胎3次，一路上都可以感覺到車況不佳，時常需要打氣。這次既然灑大錢住進了乾爽的木屋內，也是該好好替我的Black整頓一番——不過後來回想起來，我那時根本沒享受到小木屋的奢華啊！那天晚上，我從頭到尾都只在修車。

躲雨

經過了許多次的磨練，漸漸地，對於下雨，我已經能習以為常的去面對，郵局、教堂、麵包店或是樹下，都是躲雨的好地方。但如果一路上什麼都沒有，只有美麗的雨景，那就……淋吧！

④

4. 樹下也很適合躲雨

　　狼狽,但卻棒極了!
　　不像台灣到處都有的7-11,在澳洲,你只能撐過去。
雨後總會天晴,而那景象充滿了生機,陽光特別溫暖,彩
虹在天上對著我微笑。

Neo小手札

　　我曾經問過賽門英雄,單出旅行如果遇到大雨不止,該怎麼辦?
他告訴我說:「不用擔心,躲在帳篷裡就好啦。帶的食物夠充足,有本小
說陪你,基本上就可以躲很久。」他這些話語,在我那次連夜拔營的時候一
直迴盪在耳際,他說得很有道理,但是前提是要擁有一個堅固防雨的帳篷。
　　由於在開始旅程前,澳洲一直都很乾熱,所以我根本沒有把下雨這件事謹
慎考量。那時的我為了減輕行囊的負荷,因此選用了兩人容量大小的輕便帳
篷,還留了些空間讓自己堆行李;但是那次大雨淋得我醒醐灌頂——買個好
帳篷,一個好的外帳,這些絕對不能省啊!

逆風向上的奮鬥

討厭的上坡先生
I Hate You !
Mr. Hill

「我不抽煙,不吸毒,我只嗑——嗑我大量熱血運動
後分泌的腦內啡。」

南澳,真的是難傲啊!

在南澳單車旅行,我才完完全全體會到南澳上坡路段
之多。而更不幸的是,由於我是從東往西挺進,對我來
說,四月份吹的恰好是逆風:下坡時,我被風吹得像是不
斷踩煞車一樣,完全沒有狂飆的快感;上坡時,又好像是
在跟風拔河,腿部肌肉完全發揮到極致。

蔣公兒時看魚兒逆游而上,我則是逆風騎上坡。

來到Blanchetown的時候,我面臨了路線抉擇:往南
是經Swan Reach到Murray Bridge;往西繼續騎斯圖特

高速公路（Sturt Highway）是往Gawler。兩者都可通往Adelaide。跟當地人探聽路況，一對夫婦建議我往西，他們說路上會經過紅酒之鄉Barossa，有很多酒莊、很多風景可以看，但是必須越過一座山，雖然有很多上坡，而當跨越後往Adelaide的路就是長遠的下坡啦！

Neo腦袋過濾器，馬上啟動，自動濾掉「山」、「上坡」，只剩下「風景」、「酒莊」及「長遠的下坡」。仔細一想，南方的Murray Bridge或許在我之後從Adelaide要往東騎到墨爾本時會再遇到，所以我現在可不想錯過紅酒之鄉Barossa呀！

明知道逆風，明知道有山，更知道天氣不穩定，但哪裡有困難我就愛往哪裡去啊！

所以當我在上坡路努力掙扎時，心中不禁想：「我真是犯賤呀！」

上坡先生的禮物

爬坡雖然很累，但到了山頂後，可以看得很遠。遼闊的景象伴隨著山頭的彩虹，有羊群、有美麗的山景、有不同顏色的植披，一一呈現在我眼前。爬坡後，汗在流，但是心裡開心到在唱歌呢！

騎到山頂後，本以為接下來可以享受下坡啦，但事實上卻還是有好多段小上坡沿著山勢向前綿延——這下單車隊搖身一變，變成登山社啦！

這段路途真的讓我印象深刻，因為我遇過非常誇張的上坡——遠遠看到，我還以為是遇到了那種橫跨河面，會為了船隻通行而打開的橋樑——乍看之下，我真的以為眼前的馬路是橋面的一部分，但是當我看到那上面有車子開下來時，我才知道那真的是馬路！而且它陡峭的程度讓我能夠清楚的看到來車的車頂！

當場，我在那邊傻眼好久……。

迎面而來的車子，看到我在騎腳踏車，還有人搖下車窗來朝著我歡呼；我想我也該對接下來要面臨的挑戰「歡

3. 山頂的迷人景致

呼」了吧……。我慢慢地拖著我的移動城堡前進，終於來到那個上坡路段的面前，然後發現這根本無法騎！我賣力的推著我的坦克車，吃力的、用力的向上爬，只要一個不留神，很容易就是家當連著車子一起滑回坡下。雖然很費力，但是卻又覺得好氣又好笑，忍不住地狂笑了出來——這真是太誇張了！

如果南澳政府官員曾經騎單車路過這裡，或許會考慮炸山開路吧！哈！快昏頭的我胡亂的想著。

好不容易，我來到了紅酒之鄉Barossa，這一帶上下坡起伏明顯，但是騎起來非常開心；路上我發現野生袋鼠，還看到很多牧場、酒莊，有太多的地方值得一直讓我駐足。

上坡下坡，我跟我的冒險好友Mr. Black最後終於硬是征服了這一切。上坡雖然辛苦，但是騎得越高，看得也就越遠，體會都烙印在我心中。Magnificent！

Neo小手札

賽門英雄曾告訴我說，單車承載的重量最好是讓前輪的龍頭比較重——這論點我原本還不以為然，因為我總覺得龍頭重，手就要花更多力氣掌控單車，那一定會變得吃力。

然而經過多次逆風向上的奮鬥之後，我才逐漸體會了賽門英雄的硬道理。後面太重，除了有可能在上坡時會出現「亞斗練」（台語：抬獨輪，也就是前輪翹起造成摔倒。）的慘劇之外，上坡時後面一直背著個聖誕老人的禮物包裹，那才是真正的吃力；而前輪負載重一點，除了下坡俯衝時龍頭能穩定不亂飄之外，上坡時推著前面的行囊，確實是比被行囊從後面扯後腿好騎得多。因此將行李盡量擺置在前輪貨架與馬鞍袋真的是單車旅行的重要秘訣，

抱歉！賽門，我錯怪你了！

KANGAROO ISLAND，
袋鼠島環島記事簿－
前進袋鼠島

如果説新加坡就好比台北那麼大，那麼袋鼠島就是7倍大的新加坡！雖然袋鼠島在澳洲版圖上，只是一座小島，但事實上它絕對比你想像的大！

我在這島上騎單車環遊，足足花了10天，我只能説，袋鼠島真是太棒了！不過袋鼠島上，路旁的袋鼠屍體超多，尤其是白骨，所以我又把它叫做：「袋鼠骷髏島」。

前進袋鼠島，大多數人都是參加巴士旅行團、或是租

車一起去玩，從阿德雷德（Adelaide）開車到弗魯瑞半島（Fleurieu Peninsula）西南端的杰維斯海角（Cape Jervis）車程大約2小時，然後再搭船到袋鼠島。可是騎單車呢？

一路上經過的小鎮暫且略過不說，從地圖上來看，分別經過了Delabole Hill、Mt. Terrible、Black Hill、West Scrub Hill、Carrickalinga Hill、Mt. Rapid、Wattle Hill及Sheep Hill，你或許沒聽過這些地方，但看到那些名稱不是Hill（山丘）就是Mt（山脈）的，這就表示，單車可有得騎啦！

我早已有了先前逆風陡坡的試鍊，這些上坡在我眼裡已經是小菜一碟。只不過這次的小菜，可是滿滿一桌……但我沒在怕的啦，單車隊變成登山社，出動！

單車的路途不比開車，我先花一個白天騎到Normanville的Jetty Caravan Park過夜，隔天才再到Cape Jervis搭船。別人開車2小時的路，我卻要隔天才能到達。慢歸慢，但這就是我要的冒險，我要的緩慢旅行！

不是2個小時的旅程

1. 澳洲山路大爆走
2. 還沒到袋鼠島就看到一堆袋鼠

上坡下坡的山路的確累人，但因為南澳這一陣子下雨，大地都變得綠油油的，生機盎然。一路上風景迷人，讓我忘卻雙腿的勞累，雖然在趕路，但我仍不忘四處留意美景，登高望遠一番。

　　山上一帶到處都是笑笑羊，過往汽車呼嘯即過，吸引不了綿羊們的興趣；但騎單車的我卻由遠而近的慢慢前行，一群群的綿羊老盯著看，每當我快逼近時，牠們就會害羞地稍稍跑遠些，然後再繼續盯著我。這時我都會拉長了音大喊：「咩～～～！」

　　還沒到袋鼠島，路上就發現了好多袋鼠，超多的！

　　而當快到Cape Jervis時，我從高處遠遠地就看到了海！一路下坡，滑向Ferry渡船口，原來海可以讓人這麼雀躍，袋鼠島我來也！

　　前往袋鼠島一定要搭船，當我牽著腳踏車在Cape Jervis等候登船時，我跟著所有汽車、卡車一起排隊，形成一幅有趣的畫面。在車隊之中，雖然單車行影單薄，但我還是覺得我的Black擁有最強的靈魂！

登上袋鼠島

3. 跟著大家一起排隊登船
4. Cape Jervis

然後，我終於登上了袋鼠骷髏島啦！眼看天色即將暗了，最近的Brown Beach露營地還有11公里遠，當下我可得要馬上驅車前往。於是，騎著車，才抵達袋鼠島第一天，我對袋鼠島就有了基礎的認識——記得有本書叫做《世界是平的》？但很顯然，袋鼠骷髏島的世界非常不平！

　　騎往露營地的路上，天空開始飄雨、天色也暗了，不過入夜後袋鼠島路上的車子並不多，我可以繼續專心的找尋我的露營地。那一夜，當我到達Brown Beach後，因為雨下個不停，我乾脆就在公用的BBQ屋簷下搭起帳棚，以免再次發生水淹帳棚的囧事。

5. 剛睡醒就面對一
　 片美麗。

❺

聽著浪漫的海浪聲，我逐漸睡著。只是那晚，無數的上下坡並沒幫助我一夜好眠，因為真是超級寒冷呀！

睡不好，於是也不知道從哪來的神力，冷翻了的我終於忍不住爬起來升了一堆火取暖。而這時馬上就有兩位荷蘭人湊上前來和我聊天，我拿軟糖請他們，他們則請我喝啤酒，哇塞，真是太讚啦！

隔天一早，黑夜退去，視線終於能夠看清楚這片海灘，那真是美呆了！

在海邊喝杯熱茶，接著我就要開始體會期待以久的袋鼠島啦！

Neo小手札

我在袋鼠島旅行之際，透過電話得知我姐買了一台小折單車給我媽當母親節禮物。

於是我媽騎著小折，我爸騎著我留在台灣的單車，兩人因此常常去處騎車走走；我在澳洲騎單車的路時，我爸還會對我媽說：「這種路，相較於兒子在澳洲遇到的路來說，算是好騎了啦！」然後他們兩人就繼續往前奔馳。是我影響了他們？還是他們的基因造就了現在騎單車的我？我與家人的情感也因為單車緊緊的聯繫在一起。

雖然如此，在電話那一頭的老媽還是心疼我，總是喊道：「什麼？騎這麼久了，夠了啦！該回家了！」然後我就會回說：「喔！老媽，我今天發現超市有賣袋鼠肉耶！」

哈哈！Right Gear, Ride now！不管袋鼠島還是台灣島，大家一起騎單車吧！

KANGAROO ISLAND，
袋鼠島環島記事簿一
與冒險大嬸的忘年之交

單車旅行，似乎交通費就省了；搭帳棚，也省了不少住宿費……但是伙食費卻少不了啊！

因為每天大量運動，肚子餓得很快，食量也增加了，常常早餐就要吃掉6至8片的土司，而且每一片我都要抹上厚厚的抹醬或巧克力醬；然後騎著騎著，往往還沒中午，10點左右我可能又要停下來吃個東西了。

與冒險大嬸的相遇，起源也是因為我肚子餓呀！

1. 就是這塊大餅讓
   我們打開了話匣
   子

大餅與咖啡

　　這一天，我騎到袋鼠島上的American River，在河邊跟大嘴鳥聊天；天空不時飄著小雨，美麗的彩虹就掛在天邊。

　　愜意地欣賞風景，似乎成了單車旅行必備的愉快功課。

　　在American River有一間商店，商店前設有停車場，一輛輛的休旅車就這樣一字排開地停在那兒。為了買點吃的，我也把我的單車停在那裡，而且是像停汽車那樣放在中間佔據一整個停車格；因為在我心裡，我的Black比汽車還偉大。

　　才走到商店門口，就有一位大嬸笑著問我：「是不是在單車旅行啊？」然後又劈哩啪啦地問了一堆問題。當時因為我真的很餓，所以就回她：「對不起！我先進去買東西吃，我超級餓，等我出來再跟妳講。」

　　我買了一片像Pizza一樣大的麵包，那麵包叫做Focacia，算是袋鼠島當地的名產。那位大嬸看到我吃那麼大一片，豪邁的狂笑不已，接著又更好奇我的單車旅行了。

　　她喝咖啡，我吃麵包，我倆坐在商店門口，一聊就是

3個小時，咖啡也續杯了三次。我們還真是酒逢知己千杯少，喔不，是咖啡逢知己三杯少吧，哈哈！

我講我的旅行故事，她一直狂笑，笑得超豪邁；而她的故事，我當然也洗耳恭聽。

冒險大嬸
Tracy

大嬸叫做Tracy，她是澳洲人，她說她一輩子都在為別人而忙，忙工作、忙家庭、忙孩子。後來她的老公外遇，婚姻結束時，孩子也大了；突然之間，她覺得既然銀行還有些錢，時間又空閒了，於是她就決定要開車環澳——並不只是在澳洲外圍隨便繞一圈而已，而是要非常深入的、蛇行式的、就像我那裡好奇就往哪裡去的那樣，她開始了自己一個人的冒險之旅。

她過著很背包客的生活，睡在車上、開車探索、到處與背包客作朋友，她說她的人生似乎現在才開始，而且是開始精采。兩個月以來，她從昆士蘭的凱恩斯（Cairns）開到南澳，看著她地圖上螢光筆的標示，她還真是玩透透呀！

很巧的是，她竟然跟我一樣也是念環境科學的！因為澳洲缺水，她偏好專攻水資源方面的知識，前幾年才剛完成學業。也因為這樣，我倆才會有講不完的話。

大嬸和其他澳洲當地人不同，她對澳洲的土地有很深的體認。一般的澳洲人他們或許從沒想過要認識自己的土地，所以有時候他們的認識反而比不上在澳洲玩透透的外國背包客。而她這一位澳洲人，卻著實的熱愛自己的土地，並且很用心的探索，各地地理或是生態環境她都有所涉獵；除了開車無法避免要耗油這一點外，她旅行時也是盡量環保，她的旅行流浪思維與我非常相似，所以我稱呼她「冒險大嬸」！

兩個人的派對

我們真的很像。我喜歡到各地拍我的跳躍照片，玩我的跳躍哲學；而她旅行時喜歡帶著一本澳洲鳥類全書，每發現一種鳥類，她就在書上的那隻鳥旁打勾。這是她的旅

行賞鳥哲學，她想找遍所有的鳥。

　　因為太投緣了，她強烈希望我可以跟著她一起旅行一天。討論之後，進攻的路線並不影響我單車環島的大計，於是我也就欣然接受。她把我的Black塞進她的四輪傳動車，然後我們一同出發往袋鼠島內陸探索去！

　　我們一起去看了鴯鶓及尤加利樹精油提煉廠（Emu Ridge Eucalyptus Distillery）還有附近的蜂蜜農場，一路上門票跟花費她都硬是幫我出了，真不好意思，盛情難卻嘛。而我也從這段旅程中感受到了不一樣的體驗，以往騎單車的路上都是我一個人旅行，現在突然多了個伴，感覺很熱鬧，可以分享的感覺真的很棒！

　　那天晚上，我們決定要為我倆舉辦一個冒險派對，慶祝我們都是這樣熱血地過著冒險生活！於是我們一起來到金斯科特（Kingscote）車屋公園紮營，在公用廚房大快朵頤一番。這次她仍是堅持要出全部開銷，於是我也只好堅持，這一頓的大廚就是我澳洲阿雞獅啦！

　　啊，一邊打著文章，感覺好像又聽到了Tracy的豪邁笑聲。能夠認識這樣一位談得來的好友，真的是太好了！

　　旅行，是為了看風景；旅行更是為了認識能一同體會風景的朋友，那正是旅行最棒的一部分。

3. 我們兩人的冒險
   同樂會
4. 除了BBQ烤雞
   外,其他都是我
   煮的

Neo小手札

　　Tracy在我的筆記本上留下她的名字,我們約好未來要用Facebook保持聯繫,
繼續分享冒險故事給彼此。

　　但事後我卻無法從她潦草的字跡中拼湊出可能的名字,要在Facebook裡成
千上萬個Tracy中找到她實在太難了。這成了我的遺憾。好想念她爽朗的笑
容,好想知道她又開車到哪兒冒險了??又發現了哪些鳥類?後來的她過得好
不好?這一切的謎團與思念,現在都只能對著那潦草又藝術的英文全名乾瞪
眼,然後想像著她又用那爽朗的笑聲在笑我。

　　各位親愛的朋友,百年修得同船度,千年修得共旅行呀!下次如果你有
緣認識了新的朋友,可千萬記得要再三確認留下的訊息,別讓自己留下遺
憾呀。

KANGAROO ISLAND，
袋鼠島環島記事簿－
在袋鼠島開帆船！

意外的驚喜

那一天，我騎著單車從金斯科特（Kingscote）出發，騎去Bay of Shoals看看海、看看船。碼頭旁停著一艘船，船上的狗兒對著我叫，於是我對著船上的老人喊：「Hey～！How are you？」想不到那位老先生居然問我：「要不要上船啊？」

……當然……好啊！Why not？

就這樣，莫名其妙又興奮美麗的，我得以從海上的這

1. Hank & Ruby

我是
海賊王！！

角度去欣賞這座袋鼠島。

在船上，我和那位老先生聊得很開心，愛好旅遊的人，總是有很多故事可以互相分享。老先生叫做Hank，是袋鼠島當地人，很愛航行。他總是開車拖著他的船，在澳洲各海域航行旅遊，身邊總是帶著他的狗兒Ruby。我們喝著熱茶，吃著餅乾，徜徉大海，我們真是無所不聊，連他以前在荷蘭的異國戀情我都清清楚楚了。

海上還挺冷的，Hank借了一件藍色夾克給我穿。而我看著這艘小帆船，小歸小，但也是五臟俱全呢。儀表板上有一大堆的儀器，有測魚群的，也有測速度、深度等等的指示；而除了儀表板，帆上面也有著藍紅線條，要把藍紅線條給控制到平行，帆船才開得順。另外裡面還有床，這根本就是一間車屋嘛！

Hank教我如何控帆、掌舵之後，他就一個人跑去船頭坐著，享受迎著風前進的感覺，所以整艘船變成我在控制，感覺真棒呀！要把一艘帆船不靠馬達而靠自然風向快速前進，還真是一門學問呢，這需要很多經驗。第一次開船的我，真是玩得不亦樂乎，我跟Hank在船上大笑，而Ruby也對著海浪亂叫呢！

等我熟悉了控船後，Hank也讓我爬到船頭去感受一下。坐在船頭，看著海水一直往自己腳底下穿越到後方，風從耳際飄去，身體與船隻一起隨著波浪起伏。側邊的陽光灑在海面，海水閃爍著珠寶般的光芒，水清澈到依稀還能看到海底的岩石；遠方的袋鼠島沿岸，不同植被也顯現出不同顏色。天空的藍、海水的清、島嶼的綠，開心到突然好想大喊：「我是海賊王！！」

❷

2. 我是海賊王！！

Hank說，袋鼠島大部分的時間其實都是褐色的，就像是袋鼠皮一樣的顏色吧！不過幸運的是，這一陣子的下雨，讓袋鼠島變成了綠色，而海也變成了藍綠色。如果說Rottnest Island是藍色的，那Kangaroo Island就是綠色的，雖然天氣變冷了、雖然下雨了，但是我依然很高興也很慶幸，我在綠色的袋鼠島上騎單車旅行。

就這樣，那一整個白天我都在海上漂流，我們把Nepean Bay及Bay of Shoals一帶的海域整個環遊一大圈，棒極了！直到Hank突然看了時間說：「糟了！我的足球賽即將要開播了！我們全速返航！」

聽到船長命令後，我馬上把我今日所學好好發揮，全速返航！

與Hank擁抱道別之後，我才想到：怎麼會這麼幸運？我居然認識了一個這麼友善的朋友，還開到了帆船？

我想，或許是我漸漸的學會了不要害羞！熱情正面的面對人，其實都會得到很棒的回應。經過這次幸運的際

3. 永遠保持開朗的
微笑

遇，我更加相信：熱情的人走到哪都可以感染到熱情，不
但要把熱情散出去，也可以輕易的接收到別人的熱情。

　　熱情的對陌生人喊句「How are you？」搞不好下一
個幸運的人就是你！

Neo小手札

　　熱情的人，臉上似乎就是寫著「我受歡迎」幾個字。過去的我從來沒有
想過這件事情，而旅行過程的身體力行才讓我逐漸意識到了這點；單純的微
笑，似乎也會得到別人開心的回報。

　　在Adelaide時，我認識了一位德國的朱莉亞小姐，開朗的她周圍總是充滿笑
聲，所以她非常容易交到朋友。她告訴我說，在袋鼠島旅行時，她認識了當
地的朋友，而那個朋友在袋鼠島上擁有一架私人飛機——於是她也就有了學
開飛機的奇妙經驗！

　　看吧！熱情的給人笑容，一定會有好事發生！大家一起笑起來吧！

KANGAROO ISLAND，
袋鼠島環島記事簿－
野蠻遊戲

很 意外，單車旅行的緩慢，讓我遇到很多的野生動物。與野生動物的親密接觸成為來袋鼠島的重頭戲之一，這絕對有別於在動物園觀賞動物的那種心情──野生動物就近在眼前，如此的自然，如此的讓人驚喜！

　　讓我介紹一下我遇到的動物們，一起野蠻一下吧！

　　Emu是世界上僅次於鴕鳥的最大鳥類，又被稱為澳洲鴕鳥，是澳洲國徽上的動物之一。要看Emu，在袋

鴯鶓（Emu）：

1.鴯鶓（Emu）
2.針鼴（Echidnas）

鼠島的Emu Bay絕對看不到，就像在袋鼠島上的Duck Lagoon，你也找不到Duck（鴨子）一樣。喔，不過你在Seal Bay，卻找得到Seal唷，哈！

我是在鴯鶓及尤加利樹精油提煉廠（Emu Ridge Eucalyptus Distillery）遇到Emu的，牠對人充滿好奇，會一直想靠近你唷！每當牠靠近的時候，我總覺得牠會開始啄我，因此忍不住趕緊逃跑。

Emu在澳洲似乎很普遍，連當地肉販店都買得到Emu肉供人烹飪。

針鼴
（Echidnas）

騎單車慢慢逛，看到的自然也多。有一次我騎車經過，一隻Echidna剛好從樹叢走出來，然後一下子就又躲回樹叢。照片沒拍到正面，不過親眼看到時，牠的鼻子細細長長，模樣很可愛呢！假如開車的話，速度太快可能就讓我錯過牠的可愛模樣啦！

另外，聽當地人說，牠的刺超銳利，汽車輪胎會被刺破唷，所以在島上開車慢一點，除了減少袋鼠的喪生之外，也可以避免壓到過馬路的Echidnas。

鵜鶘

我都管鵜鶘叫做大嘴鳥，在American River那一帶看到的鵜鶘比較像是野生的，會怕人，一靠近牠們就會飛走。而在Kingscote每天傍晚5點則會有餵食秀表演，那邊的大嘴鳥就不怕人，數量之多非常壯觀。當餵食的人把食物丟在空中，食物瞬間被爭奪秒殺，而當中還參雜了一堆海鷗，看到一大群鳥聚集在一起，其實還挺駭人的。

3. 超多的大嘴鳥。

　　不過也由此可知，野生動物其實天性本該是「野」的，但因為在人們的馴養下，動物漸漸的把那天性給改變了，或許會因為人類的食物供給，讓許多生物漸漸失去了牠們覓食的能力。所以面對野生動物，不餵食、不捕捉、不驚嚇，好好觀賞牠們，與牠們和平共處才是最棒的方式。

　　我在Vivonne Bay（Harriet River）搭帳棚過夜的時候，夜裡突然聽到帳棚外面有聲響。心裡一邊嘀咕：「該不會有蛇吧？」然後小心翼翼的把帳篷拉鍊拉開，慢慢往外張望；沒想到有一大堆Possums包圍我的營地！

　　這讓我非常驚喜，馬上拿出相機打算要拍牠們，但是因為我的動作，牠們大多落荒而逃。不過有一隻卻仍停留在我單車上面，不斷打量我上面綁著的球果。我坐在帳棚裡，默默欣賞近在咫尺的訪客，或著，我才是牠們意外的訪客吧！

　　負鼠在袋鼠島上的數量可不輸袋鼠呢，路上常見的動物屍體，牠們也有一份。負鼠有紅紅的鼻子，看起來像袋鼠、浣熊、老鼠的綜合形象，非常可愛。因為營地被包圍這個際遇，負鼠變成我在澳洲最喜歡的動物。

負鼠
（Possum）

4. 負鼠（Possum）

袋鼠
（Kangaroo）

無尾熊
（Koala）

　　袋鼠島以袋鼠來命名，緣起是登陸的人發現這邊袋鼠很多，就取名叫做袋鼠島，澳洲人命名還真夠沒創意的啦！

　　其實在袋鼠島，負鼠很多！大嘴鳥也很多！總之在袋鼠島上袋鼠也很多就是了。在島上，袋鼠的屍體看得比活生生的還要多很多，有些路段每10公尺就有一堆白骨。要看活的袋鼠，進入島西邊一帶時，就能找到很多。在馬路上常常能瞥見袋鼠，如果沒被撞死的，大多數的袋鼠都是一下子就跳走了。嗯！騎單車，是對袋鼠最友善的交通工具。

　　抱無尾熊一直都是很多人來澳洲的期待之一，但說實在話，我對無尾熊一開始沒有太大興趣，因為在動物園看到牠們太懶惰了。其實我還比較喜歡袋鼠呢！牠們跟我一樣愛跳！

　　後來我在Hanson Bay的背包客棧休息的時候，和老闆娘聊天聊到一半，老闆娘突然問我說：「你來這裡看過無尾熊了沒？」我說沒有，她竟然對我說：「我樓上有一隻，等我一下！我去抱。」就這樣，我跟一隻14個月大的母無尾熊就在背包客棧的的客廳玩了起來，看牠到處爬、

到處鑽，爬上電風扇、爬上窗簾、爬在我肩膀上，真是可愛極了！真是無心插柳柳橙汁，摸著全身軟綿綿的無尾熊時，我想我開始喜歡無尾熊了；尤其是牠的手抓著你的手指頭時，真是太有趣了！

我永遠都忘不了，在這島上騎腳踏車時，一切美好的相遇！

5. 軟綿綿的超可愛無尾熊。

Neo小手札

抱無尾熊是很多人來到澳洲非常想要完成的一件事情，而這件事情有些動物園可以讓你達成，例如布里斯本（Brisbane）的龍柏動物園（Lone Pine），有付費讓你抱無尾熊拍照的活動，也可以讓你近距離接觸袋鼠——通常野生的袋鼠是非常難接近的，你稍稍靠近牠，牠就會迅速的跳走，然後轉頭盯著你看；你再繼續輕舉妄動，牠就會跳得更遠，然後再回頭盯著你看——由於常常發生這種事，所以我對於可以親手摸到袋鼠，變得非常的渴望，而也是在Lone Pine才達成了我的小願望。喜歡無尾熊或袋鼠的你，千萬不可錯過！龍柏無尾熊保護園區(Lone Pine Koala Sanctuary)：http://www.koala.net/

模仿我的袋鼠

KANGAROO ISLAND，袋鼠島
環島記事簿－血濺袋鼠島

與袋鼠島已經
血濃於水了！

從 Emu Bay要騎去Stokes Bay的路段，沿路有很美的
風景，對我而言，也有深刻的記憶。

相信那些地方，遊覽車是不會帶你來的。他是屬於我
的獨家記憶。

我不斷地在島上奔馳著，無憂無慮，自由自在。一如
以往，徜徉著風，沿著下坡速度飛快的往下衝，突然之
間，路面居然變成了石頭，還來不及煞車我就犁田了……
仆街滑行的時候，嘴裡還塞進了許多砂石，因為太痛了，
所以趴在那邊好一陣子才爬得起來，那時候腦海中真是一

片空白啊。不過好險，沒有大礙！如果又像之前在農場騎單車扭傷手的話，那可會嚴重的影響我後面的旅程了——所以我說，我跟袋鼠島已經血濃於水啦，那道疤痕就是我征服袋鼠島的刺青印記囉！而這塊土地，也有了我的血液。

1. 非主要幹道的路就不再有柏油路啦
2. 犁田了
3. 所以我在島上有了刺青

痛楚漸漸退去之後，我緩緩爬起來，拿出水壺漱口，把滿嘴的砂石給吐掉，嘴巴裡也有被刮破皮的感覺；除了明顯的傷口，身上好像也增加了很多瘀血。我就在那四下無人的道路上享受疼痛，獨自呻吟著，耳朵上的耳機一隻已經掉了，另一隻還在耳朵上，而當下的音樂正是Green Day的American Idiot，彷彿在取笑我是個傻瓜！雖然身體很痛，但是當下我竟然笑了出來，也拿出相機拍下這狼狽的模樣。

最悶的是，我的微波飯鍋破了，黑胡椒粉也灑滿我其中一個馬鞍袋，單車腳架也斷了——所以那一陣子Black只能跑，不會站，停車非常不方便。

犁田受傷的那一天，感覺很特別。因為到達目的地後，從搭帳棚過夜到隔天離開，完全沒有遇到任何人，手機沒有收訊，連唯一一間咖啡廳也是倒閉的。我一個人在Stokes Bay過夜，清理傷口，好像與世隔絕。沒人可以交談，手機也沒有用，夜裡一切都暗了，我開始想到電影

孤單但不寂寞

4. 這隻狗陪我騎了
　好幾公里路。

辛苦後來一杯
吧！

〈我是傳奇〉裡世界末日的那種感覺，真的是很奇妙，過去從未有過；因為當下，一切只能靠自己，專心的生存下去，等待天明啟程，才能離開蠻荒，奔向一絲文明。

騎這一段路上，人煙罕至，不過，我從不寂寞。不知道從哪裡跑來的一隻狗，初見面，牠就一直往我身上撲，後來就一直陪著我騎了好多公里後才離開。突然想到袋鼠島上路旁袋鼠骨頭這麼多，那島上的狗應該很high吧！吃不完的骨頭耶！

袋鼠島的地形，讓我吃了不少苦頭，但是為了探索、為了發現，我還是好想前進，當我看到美景後，不只是微笑這麼簡單而已，經過深刻的苦行，得到的感覺是歡呼大叫，高聲叫好啊！

好險身上帶的紅酒沒有摔破，稱著汗水、配著美景，這一刻真是醉人啊。

經過各式各樣的路況折騰之後，我想，除了海面與峽谷或是極端環境之外，好像已經沒有什麼地方是單車到不了的了，越挫只會越勇！福氣啦！

5. 醉人的風景
6. 好險紅酒沒摔破

Neo小手札

在部落格放上了血濺袋鼠島的照片之後，引起了朋友們熱烈關注：

有人罵我：「哇靠！騎單車還帶什麼紅酒啊？」

有人說：「血濺砂石沒關係，喝杯紅酒補補血。」

然後還有人說：「那隻狗好像我家的狗唷！」

而一位已經完成打工度假旅程的香港朋友Canio，他的一席話讓我覺得血沒白流，他說：「回港三個月，一直未找到工作，有時候真的是很沮喪哦！但是～!!!!每一看到你的blog～，每一想到澳洲的日子～，就覺得力量回來了～!!!!」

我想，或許我之後也會與他一樣面臨失落沮喪吧！但是騎單車的每分每秒都是蓄積力量的泉源，這都將會是支持我茁壯的養分！

Canio後來工作越來越順利，也利用休假來台灣找我玩，在夜市裡他到處找老闆娘合照，操著廣東口音一直喊：「老闆娘，可不可以跟你拍叫呀！」

「拍叫」、「拍叫」的一直喊，真是笑翻我了。

KANGAROO ISLAND，
袋鼠島環島記事簿－
Remarkable Rocks！

我心之嚮往

袋鼠島上有名的奇特岩石Remarkable Rocks，在還沒踏上這塊綠色島嶼前我就經常在很多地方看過照片，心裡總是想：「哇！好讚啊！要是可以在那邊跳一張該有多好。」

　　Remarkable Rocks就是我在袋鼠島上最想看到的景致，也是我一直往島上西邊騎去的原因，看多了照片和明信片，我好想親眼見一見、摸一摸，然後跳一張。

1. 這根本就是大型
洗衣板！

　　這一段路是最多人與我交談的路段，遊覽車很多，大家看到的表情都好像看到鬼一樣；休息的時候，好多人與我攀談，然後我收到了很多：「Are you crazy？」不過這路段還多了一句：「Good on you！」

　　當我往西邊繼續挺進後，我終於體會為什麼他們要說「Good on you」了。因為那路段的起伏還真是挺累人的，騎的時候很像打賽車電動一樣，那道路根本是洗衣板，起伏極度劇烈。

　　不過當你一心期待看到嚮往很久的地方時，騎起來特別有動力，一路奔去！

　　Remarkable Rocks位於袋鼠島上的弗林德斯蔡司國家公園（Flinders Chase National Park），多年來經過大自然的魔手造化，成就出如此特別的地形。這藝術品永遠不會完工，因為它依舊在變化，依舊受到海風的吹拂、海水的襲擊、雨水的浸濡。這種感覺很棒，即使是石頭，感覺都是有生命的！而這石頭也是旅程中的一個重要標的。

　　我：「好啦，看到我想看的啦！ Black，剛剛騎來的路，我們再往回騎回去吧！」

　　Black：「……」

全神貫注的騎
單車

沒錯，沒有別條路，剛剛騎來的那條洗衣板路，又要再騎一遍啦！累的不是 Black，其實是我……。每次我與單車對話，安慰著它，其實是在安慰我自己。

因為貪玩，我又在黑暗中騎車了。（請參閱〈進攻南澳，餐風露宿〉）

在Remarkable Rocks那裡，我不想只是拍拍照，然後離開。我坐了下來，吹著海風，在這塊奇石區域內呼吸，我要享受這裡，體會這裡。我坐在那大概一個多小時吧，忘記了世界上有時間這回事，所以美麗的夕陽又出現了。但這也意味著……即將就要天黑。

眼看天色將暗，我馬上騎單車往回走。騎著騎著，觀光客的車輛都消失了，路上沒了車輛確實是比較安全，但也因此變得一片漆黑。單車燈照著前方路面，我只能專心追尋馬路上的白色線條；下坡不能騎太快，因為怕撞到過馬路的袋鼠，或是一些走在馬路上的鵝。我必須很專心的騎車。

這時候如果車燈沒電了，怎麼辦？沒關係，我有備份車燈。

假如另一支車燈也沒電了，怎麼辦？沒關係，我有備份電池。

假如都壞了，電池都沒電了，怎麼辦？沒關係，其實

我有手動發電的手電筒。

　　假如也壞了，或是通通不見了，怎麼辦？別擔心，我心中還有陽光！

　　這是我第一次用盡全身細胞專心的騎單車，超級專心，MP3拿掉了，感官都在專注，眼睛盯著馬路上的白線，耳朵仔細聽，以防隨時有動物衝出路面。雙腿規律的踩踏，手握著煞車與變速器，已經看不到前方是上坡或下坡，只是配合前進的律動控制變速器。我可以感受到氣溫一直在下降，我只能專心的前進，什麼都不想。

　　一切只是為了「平安的到達目的地」。還有……我餓翻了！

　　太暗了，我找不到這一帶的露營地，只有車屋公園還有燈光，但搭營一夜竟然要25澳幣！嗯，我記得來的路上經過Hanson Bay時，那裡有一家背包客棧。而且旅行慣了，我有預感今夜會下雨，我不想要帳棚再度淹水。所以也不知道哪裡來的力氣，我離開車屋公園繼續摸黑往東騎，感覺路途變得好漫長好漫長，然後，終於抵達了背包客棧！

　　一夜30澳幣雖然有點貴，但是因為沒人住，可以獨自擁有一整棟旅館也是一大樂事。而且我還意外的和無尾熊玩了一夜呢！（請參閱〈KANGAROO ISLAND，袋鼠島

環島記事簿－野蠻遊戲〉）

　　然後，那一夜果然下了大雨！夜裡，我笑著，滿足的睡去。

Neo小手札

　　看完了大自然的鬼斧神工又抱了驚喜的無尾熊，一下被洗衣板路面折磨、一下又住進溫暖的房間，跌個臉上見血、又看到了無比夢幻的夕陽，在袋鼠島上的旅程一直都很難捉摸，人生好像也是這樣，酸甜苦辣來雜，什麼味道都有。我們可能無力去抵擋這些變化，但是或許開心的時候就盡情的歡樂，難過的時候也痛快享受，拍拍身上灰塵，準備迎接下一個開心的到來吧！面對多了，我也不害怕後面有哪些困難了，我只想乖乖的騎著單車，去面對我應該要面對的，去看見我應該要看見的。

　　Remarkable這個字很耐人尋味，翻譯為值得注意的；非凡的；卓越的，似乎也呼應著這旅程的在我心中的地位，永遠是Remarkable的！

KANGAROO ISLAND，
袋鼠島環島記事簿－
Kingscote小鎮

住在袋鼠島

鮮少背包客會定居在袋鼠島上，因為大部分的人都只是來觀光的，大多是一天的旅行團。但是呢，這裡有WWOOF可以參加，生產果醬的水果農場也會雇用背包客；牧場通常不需要人手，老闆自家人即可滿足工作需要。總之，其實這裡也有工作唷，島上的背包客棧一般都是人來人往，但是各家客棧裡總是會有一位背包客是固定住戶，這是因為他在島上工作——餐廳需要人洗盤子，旅

1. 溫馨的
   Kingscote
   Backpadcer
2. Bob & Neo

舍也需要管家。這種情況其實在觀光景點很常見，總是會存在著個位數的背包客在努力存錢生活著。

我住在金斯科特（Kingscote）的背包客棧時，有一段很棒的回憶。

這一間客棧在旅遊資訊中心給的資料手冊中根本沒被提及，手冊中只寫了Penneshaw及Hanson Bay的客棧，以及其他高級奢華的旅舍，但是這間在我的心中才是最便宜、最溫馨，也是最棒的！

會發現它也是一場意外，因為我要躲雨，所以當我騎到一半，看到路旁的招牌寫著「BACKPACKERS」簡直開心極了！馬上入住。這對連續住了幾天帳棚的我來說簡直是天上掉下來的禮物。

客棧的老闆Bob，他講話的樣子我覺得超像羅賓威廉斯，非常友善。一天我煮炒麵，另外炒了一鍋請Bob跟他太太吃，他們非常喜歡。

Bob是袋鼠島當地人，對於袋鼠島的一切瞭若指掌，有任何問題問他就對啦！Bob對於我騎單車體驗這座島嶼感到很高興，因為有別於大家快閃式的來去，他認為我更用心的在感受這座島，我們也變成很好的朋友。

Kingscote每
週五重要的小
事

那一天Bob請我去袋鼠島上知名的Ozone Hotel喝啤酒，然後我才知道了Kingscote每週五最重要的小事。

3. 週五的免費大
  餐！
4. 一杯啤酒換一張
  票
5. 抽獎時間到啦！
6. 我的法國室友得
  到50元現金耶！

　　Ozone Hotel每天晚上6點到7點是happy hour，所有飲料通通半價，因此一杯啤酒只要半價1.5澳幣！而每週五更是特別，有抽獎及輪盤遊戲，這時候Kingscote的人大多會到這裡集合，Bob説他一週會到這邊報到三到四次，這裡大家彼此都認識，Ozone Hotel就是Kingscote人的交流集散地。

　　抽獎遊戲很簡單，喝一杯啤酒可以換一張寫有數字的票，如果你在一號箱子裡抽到和你自己相符的數字，你即可從二號箱子中抽獎。獎項很多：有啤酒一箱、紅酒一瓶、現金、免費啤酒等等。

　　除了抽獎遊戲外，還有龍蝦抽獎，抽到的人可以獲得超大龍蝦！

　　另外還有輪盤遊戲，獎品是一箱啤酒，如果沒人抽到，那就繼續累積到下個週五。我去的那一天，啤酒已經累積到五箱了！我當時還想：「假如我抽到了，我要喝多久呀？腳踏車載的下嗎？」

　　大家都聚集在這，一起歡呼一起大喊，熱鬧極了！

　　要融入當地，就是跟當地人做朋友，可以聽到很多故事，也可以享受生活！

融入當地

7. 小朋友Jay在袋鼠島走失的新聞。

Ozone Hotel過去曾經失火過,所以經歷過重建的辛苦,而當地報紙最近報導他們即將斥資大量金額,再度把此Hotel裝潢得美輪美奐。旅館老闆自信的對我說,這就是為什麼人們願意花錢在這裡,他們的品質與服務絕對值得!

而在Kingscote的碼頭邊,每天下午5點都有大嘴鳥餵食秀,是免費的;另外這一帶也是釣魚的聖地,Kingscote的背包客棧有水桶跟釣魚線與勾子,只要去買一點餌,就可以走去碼頭享受釣魚樂趣囉!

還有,袋鼠島上的報紙很精采,全部都報導這個島嶼發生的大小事,連誰過世了,誰家辦生日派對,都在報紙上!Bob說,有當地人用走路的方式環袋鼠島一週,一共花了2年的時間。為什麼這麼久呢?因為他走出家門後,走一個禮拜,就被媽媽開車載回家;但是隔週他又繼續挑戰,然後沒多久又被家人載回家──就這樣,當他真正走完一圈後,前後花了兩年的時間,哇塞!

近期的一個新聞是,一位在島上走失的小朋友被人找到了!這位叫做Jay的小朋友很可愛,他在袋鼠島上走丟,歷經幾十小時的失蹤,終於被人發現,才得以回家。

而他在迷路的時候，曾經對袋鼠說：「袋鼠，你可以告訴我哪一條路可以讓我回家？」

而Jay就是Bob的孫子！

Kingscote是個小鎮，但卻是袋鼠島上繁榮的地方，是適合悠閒度假的所在，圖書館網路很快，還有免費袋鼠島貼紙可以索取，當然還有不能錯過的Ozone Hotel每週五最重要的小事唷！

Neo小手札

　　其實我一直在思索一件事情，如果我能夠住在袋鼠島上一陣子，成為這裡的居民、當一位「袋鼠人」，那該有多好。這個島就像個大型野生動物園，而純樸的小鎮與迷人的自然景觀，都讓我醉心。

　　那段日子裡，我每天窩在Kingscote背包客棧的火爐前看看雜誌、寫寫部落格，餓了就騎單車去買食材回來料理，沒事就騎去海邊看大嘴鳥餵食秀、跑到酒莊跟老闆聊天、或是去圖書館與孩子們一起看書……。

　　當我回過神要繼續下一個旅程時，才發現，自己一不小心就在這兒這待了好多天。點點頭，我心滿意足的離開了。

　　去找Bob作朋友吧！Kangaroo Island Central Backpackers：
http://www.kicentralbackpackers.com/index.html

我在Murray Bridge
搞壓克力畫

有點無聊……

　　Murray Bridge是個城市，而非小鎮，所以我對於它充滿了好奇；而我也知道這裡有背包客棧，所以我很努力騎車，一心想趕快抵達這裡，這次我想住在客棧好好休息一番。

　　我一直都秉持心美，看什麼都美的原則。所以來到這裡後，我打算先去美術館晃晃，但是美術館整修，沒得欣賞；而當我騎車跨越完這座城市裡鼎鼎大名的Murray Bridge大橋後，這個城市竟然讓我感到一絲無聊……。

　　我喜歡徜徉大自然，但是當我到城市之後，我很喜歡

到Bar喝點啤酒、欣賞搖滾樂團表演。但是這個城市的夜裡。似乎只有旅舍的Bar，而且還只能看老人玩賭馬，沒有搖滾樂，WHY？？？

　　Murray Bridge只有一間背包客棧，背包客棧離市區有點距離，夜裡睡覺還會聽到火車經過的聲音，蠻特別的。而客棧門口停著專屬的接送巴士，所以可以窺知這是一間Working Hostel。

　　而關於工作，這一帶有工廠以及馬鈴薯農場，照理說這裡應該是背包客群聚、大家瘋狂打工的熱鬧場所。但是這間客棧的老闆John很詭異，他沒有開背包客棧的人應有的熱情，所以目前整棟樓只住了我及兩位德國女孩Susan及Pia，顯得很冷清。

　　有一夜我在麥當勞上網，遇到了一些台灣人，這時候我才知道原來這裡也有其他背包客，只是大家都住在洋蔥農場的工頭提供的房子，而非住在背包客棧。

　　不知道是因為在澳洲的德國人太多，還是我跟德國人有緣，總是與德國人聊得很開心。我和客棧裡的另外兩個房客Susan及Pia很聊得來，她們很有趣，買的車是BMW

耶！背包客開BMW，我還第一次看到，聽起來真是高貴啊！不過可別誤會她們唷，她們只是純粹覺得要支持自己的國產車罷了，而且那部BMW真的是非常老舊，因此她們是用很便宜的價格購得的。

她們在這住了兩週，完全認為這是個無聊的城市，所以她們在客棧裡玩完了整本的拼字遊戲、看了好多本小說，還買了彩色鉛筆、壓克力等顏料畫畫，每天互相搶著煮飯、做家事，一切都只是因為太無聊了。

我入住之後，我們三個人便湊在一起，打算為Murray Bridge的生活激起些火花，增添色彩！

只是沒想到這色彩，竟然是壓克力顏料的色彩。

壓克力顏料

Susan以前在電影院上班，她極度愛好電影，我當然也是超愛看電影，我在Murray Bridge的3個晚上，我們每天都開BMW去電影院，看了玩命關頭4、X-MAN及博物館驚魂夜2，真是太讚啦！

而既然Murray Bridge的美術館整修關閉中，沒得看，那就自己畫吧！

1. 我的第一張壓克力畫
2. Susan的得意作品
3. Pia的得意作品

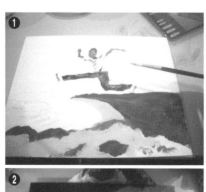

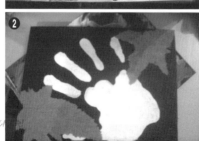

4. 送給Pia的Guitar
   hero
5. 送給Susan的金
   剛狼

　　Susan及Pia先前因為無聊，所以買了些彩色鉛筆、壓克力等顏料來畫畫。而我既然加入了她們，所以也就邀我一起玩壓克力（Acrylic）顏料。先前我只在電腦繪圖軟體Painter中用過Acrylic，但那不是真實的塗鴉，有機會可以嘗試還挺開心的！

　　能夠實際塗塗抹抹真的比較有趣，她們看到我的畫之後，都很喜歡，因此她們一直叫我繼續畫。在不斷被逼迫下，我只好繼續畫，我們越畫越多。

　　她們也對我很好，一直拿東西請我吃。還有一次，她們甚至為了陪我看電影，雖然她們已經看過了，還是陪我去看了第二次。為了表示感謝，我畫了畫送給她們——Susan很喜歡金剛狼，我就畫了邪惡的金剛狼送她，畫得沒有很好，但是她說她會掛在她德國家中的牆上，我高興極了；而Pia喜歡聯合公園，我就畫了一個Guitar Hero送她。

　　短短3天，每天我們一起烹飪、互相分享食物、搶著洗碗，整個背包客棧只有我們三個人，就像家人一樣的一起生活。這樣的生活很開心，但是我的旅程還要繼續下去，所以第4天，我繼續啟程，我的單車長征。

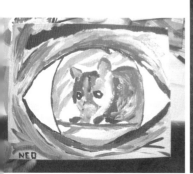

Neo小手札

　　透過Facebook的聯繫，我得知Pia結束打工度假回德國後，把我送她的畫貼在房間牆壁上，然後開始她的校園新生活。

　　是的，你沒聽錯，重點不是我的鬼畫被貼在牆壁上避邪，而是Pia告訴我，德國的背包客都是先出來看看世界，然後再回去念書的——這就像一場很長的夏令營，讓她們成長之後，再回去繼續成長。

　　德國年輕人都是在完成學業前就開始打工度假，在這趟旅程之中找尋自我，或是給自己一個假期好好思索，然後才試著去選擇他想要的科系、或是未來想要走的路。反觀我們台灣，在畢業前就來當背包客的人少之又少，我們大都是畢業了、退伍了、工作累了，才想要出來看看這個世界。如果可以再更早一點，會不會我們的想法與人生觀也會有所不同？選擇的科系與職業也不同了呢？

大洋路，用跳的！

大洋路騎一遭

「不要每次都在風景前比YA了啦！在風景前跳一下
嘛！」

所謂袋鼠島，就會有很多袋鼠，那大洋路呢？就是會
花你很多大洋的路！因為參加旅行團或是租車都會要很多
大洋，這裡是觀光區嘛，物價當然也偏高。

不過我確信，騎單車旅行，在袋鼠島看到的就不只有
袋鼠，而大洋路，就不一定會花很多大洋。

在大洋路騎單車，大約3天可以騎完，但是我待了整
整一週。因為喜歡，所以停留，旅行是需要時間慢慢體
會的。

由西往東，從Warrnambool到Torquay的路段，地圖

2. London Bridgeg
3. Loch Ard Gorge

編號B100的就是鼎鼎大名的「大洋路」，沿著這美麗的海岸線騎單車，用我一貫的方式記載旅行

　　London Bridgeg是大洋路著名的景點之一，倫敦大橋垮下來～垮下來～好啦！你看，真的垮了，這個大海崖是在1990年夏天垮的。

　　Lorne面對著海邊，有舒適的購物商圈、電影院，還有當地的特色酒吧，附近有很多延伸景點，瀑布及森林景觀圍繞著這個小鎮，是我在大洋路待最久的地方。

　　Apollo Bay它算是大洋路上很大的鎮，長長的海灘，讓人駐足，有海港、有公園，依山傍海就是阿波羅的寫照。

　　十二門徒石（Twelve Apostles）南極洋上的十二門徒，似乎就是大洋路的代言人了！最富盛名的天然巨石奇觀，經過一兩千萬年的海水、強風侵蝕，造就如此景觀。

　　Loch Ard Gorge這個名字的由來是在1878年發生船難的洛克雅德號——當時這艘船滿載英國移民，卻因暴風雨沉船，其中兩位年輕人幸運生還並漂流到這海灘上，所以此處就以此為名，紀念澳洲史上最慘烈的船難。

　　Cape Patton是一個很棒的制高點，可以遠眺大洋路，站在那邊，居高臨下，彷彿征服了這條蜿蜒不絕的道路。

騎大洋路的頭一天，天氣非常晴朗，有別於之前多雲的陰天，沿著海岸騎車，時而出現的海景讓我十分享受，每當鬼斧神工的奇景出現，我就在那廣闊風景前，大喊：「咿～～哈！」

那一天，我在有名的沖浪聖地Johanna Beach旁搭帳棚過夜，那一晚剛好有三個德國背包客也在那搭帳棚，其中一人剛好在看一本單車環澳的真實小說，聊過天後，我拿出洋芋片請客，他們則請我喝啤酒，我們就在這，點著蠟燭，開著野地派對，一起聊背包趣事。

但是隔天，風雨中飛舞的故事又開始了……。

一早打開帳棚，發現外頭正下著雨，德國的朋友們也開車離開了。這時帳棚開始進水，而那一帶沒有任何遮蔽處可以躲，看著雨勢不停，我只好在雨中打理好一切，冒雨離開這裡。騎單車旅行，最最最討厭下大雨了！

以前國高中時期，騎單車上下學，就算淋雨溼透，只要撐一下就回到家了，很快就有熱水澡可以洗、有東西可以吃。但長途單車旅行，你根本不知道什麼時候才可以弄乾你的頭髮。

不過，環境潮濕，內心幻想乾燥就好，否則還能怎樣

4. 與德國背包客的帳篷派對
5. 一打開帳棚，又開始下雨了

啦。偉大的大自然最有力量了，人定勝天這回事不存在，還是想想挑戰自己極限比較實際。

　　只是雨越下越大，而要騎回主要道路的路段，一片泥濘。比起之前在南澳遇到的雨勢還要放肆，突然，我發現前方有一間農舍，還沒多想我已經衝進去躲雨了。而農舍養的鵝群被我這個突來的訪客打擾，全都嚇壞了，紛紛落荒而逃。

　　我決定要先躲雨一下子，整頓自己，也期待雨勢會變小一點。那間農舍旁的小屋裡有個年輕人，我敲門打聲招呼，說明我是來躲雨的，以免嚇到人。獲得許可之後，我就坐在那遮雨棚的地上，看著對面關著的牛群，開始思考與冥想──單車旅行的另一件收穫就是我常常有時間「思考」，思考人生、想想自己、看看環境、整理思緒、回憶過去、遙想未來……。因為絕大多數時間都是自己一個人，與自己對話變成沉澱的方式。這就像是一種修行，搞定釐清自己的想法，傾聽自己內心的聲音，是一種體內環保與反省。

　　後來農場主人回來了，看到我，他有別於那個年輕的

6. 落荒而逃的一群鵝

兒子，而是很熱情的邀我進去喝杯茶，喝完茶後雨勢也變小了，於是我便答謝離開。而農場主人很友善的希望我繼續留下來，甚至也可以載我到下一個目的地的背包客棧；但不知道是思考多了，還是悟出些什麼，我決定繼續淋雨騎車趕路。

其實那時候我是想起了我在伯斯認識的比利時導演Damien，想起了我曾經與他有些許不愉快，還有他的故事。

Damien買了Van打算住在車上逐夢環澳的時候，他遇到了很友善的澳洲老夫婦，在他準備以及整理他的車子的那一陣子，他免費住在那對夫婦的家中。友善的男主人還協助他把他的車整修與清掃，在他離開的時候，還送他好多生活用品，並把他們兒子的衣物送些給他讓他旅程中可以保暖。

然而Damien跟我講述時，他卻說那對夫婦很奇怪，把他們兒子的衣服送給他，他其實一點都不喜歡。接著還說了一些其他的想法。我那時候聽完，只認清一件事——他把澳洲人的友善當成理所當然。

在單車的旅途上，絕大多數的人都很友善的，大家也都願意幫助別人，所以我有法國朋友曾伸出拇指，就能搭便車從布里斯本到雪梨，沒花半毛錢；也有德國朋友住在有錢的澳洲人家中，白吃白喝一週，還得以學會開飛機；而我也曾經坐了朋友的船、搭過便車、吃過免費食物與啤酒，受過別人很多幫助。

我想，那絕對不是理所當然，需要時，我願意接受別人的幫助，但是他們並不是「應該」要這麼做，所以，能靠自己時，我絕不靠別人；而受到恩惠，也要心存感恩的心，想辦法回報他們，就算只是送張明信片也好、做個三明治請他吃也好、留張合照未來寄mail給他們問候也好，無論如何，都應該要真誠的表示我的誠意與感謝。

我們是背包客，我們是旅遊玩家，我們不是乞丐！應該發送青春活力與熱情，而不是一路上製造別人麻煩。我很好，沒受傷，又不是騎不動，所以我要靠自己，繼續前進。

Neo小手札

在袋鼠島認識的冒險大嬸Tracy曾說，我的Black其實真的是黑色的，他只是穿了藍色T-shirt。

Black是我最好的戰友，陪我一路上冒險；當我淋雨奔走的時候，他也是要輾過泥濘；當我看見美麗風景的時候，他也是一路欣賞陶醉。靠他找尋，也靠他逃離，湯姆漢克斯在〈浩劫重生〉這部電影中，總是一直對著一顆威爾森排球說話，我漸漸可以體會他的心情了。

親愛的Black正在看風景。

為了犒賞Black，我曾經帶他去汽車修護場打氣跟上油，別懷疑，你沒聽錯，是汽車修護場，因為那時候一直找不到單車店，我就去汽車修護場請他們幫淋雨後稍稍生鏽的Black上個油，也把輪胎打到正常胎壓。修護廠的人執意不收錢，為了感謝，我詢問了幫助我的那位先生，因為我想記住幫助過我的人的名字，沒想到他說：「我叫尼歐！（Neal）」

「蛤？這麼巧我也是尼歐（Neo）耶！」

謝謝你！尼歐，謝謝你！布萊克！

Geelong，
澳洲也有「基隆」？

話說，澳洲也有「基隆」耶！而且這個基隆有機場，是小型輕航機的機場。這是一個大城市，一百多隻木偶佔據的城市。

我是基隆人！

　　每當我騎到一個城市，怎樣才算抵達？那就是找到當地的Information Centre。Information Centre就是我的里程碑指標，到達這裡，我才可以得到更多資訊與地圖，它是我滲入該城市的初始中心。

　　當我剛騎單車抵達基隆這城市後，因為有點找尋不到Information Centre，於是便問了路人。在街上的年輕人

看起來大多都是背包客，於是便問了幾個年輕人他們是從哪個國家來的，結果，通通都回答我：「我是基隆人！」

就這樣，這是個有別於到處都是旅遊的親子家庭或是老人的小鎮，也沒有來自各國的背包客，這個城市充斥的是當地的人，很鮮的感受，就讓我好好感受這個位在澳洲的「基隆」吧！

Geelong的
木偶們

Geelong是維多利亞第二大城，很多人來Geelong，都是為了來看這裡著名的一百多隻木偶──這些木偶都出自於同一位設計師，是這個城市的一大特色。如果你仔細看，木偶365度都有圖案，畫得很仔細，人偶上的小裝飾、小配件全都不漏的畫了出來，是很棒的旅遊指標。

不過，我在Geelong時認識了當地人，於是我馬上問起關於木偶的事。他說他是道地的Geelong人，出生的醫院在Geelong、住在Geelong、在Geelong長大，但是他小時候沒有看過這些木偶，它們是後來才有的。我說這些木偶很可愛，身為當地Geelong人的他，有什麼感想呢？

1. 騎到港灣感受基隆

他說：「那些都是SHIT！」

「……」WOW～！所以，我們觀光客大家瘋狂的跟Shit合照，哈哈！很妙的新思維！

基隆港很美麗，讓人駐足良久，港灣還有小列車可以搭，讓遊客可以不用鐵腿也能環遊整個港灣。這一帶，很適合散步，散步當中可以慢慢探尋那些木偶，喔不，是當地人所說的那些Shit。

我住的背包客棧，暗藏在National Hotel中，它是旅館，也是Bar，還藏著一晚30澳幣的背包客棧——這絕對算得上是物低所值！簡陋、不舒適又昂貴，再繼續形容它，我可能連髒話都要脫口而出了，還是別提的好。

JUMBLEDAT

不過它也有優點，樓下有Live band表演。當時在旅館認識的唐納小姐推薦我一定要聽這樂團，這樂團都是他的朋友，她男友是樂團的幕後音控師——就這樣，我認識了這一個10人的豪華大樂團，追夢的團體，爵士嘻哈的「JUMBLEDAT」！

這麼浩大的樂團，10個人一起站在舞台上還真是有點擠。後來聽唐納小姐也告訴了我這個樂團的感人故事。

這樂團是在他們學生時代成立的，一群爵士嘻哈同

2. 10個人的樂團！
3. 今夜的Lives
Show是
「JUMBLEDAT」

好，開始自己創作寫歌，一路走來全心投入，全職去衝！裡面10個人每個人都沒有副業或其他工作，他們的工作就是這個樂團，音樂就是他們的全部。就因為敢夢想，敢實踐，他們為了維持生活，平時除了到各酒吧表演之外，10人還會分組到街頭賣藝賺錢，這就是全職做自己的樂團生活！他們深深相信，他們的音樂一定會發揚光大，一定會出人頭地，他們一定要紅！

　　這真的十分不簡單，因為不是兩三個人，而是要10個人都同心，都有這樣的魄力與實踐力，這團才可以這樣活躍在舞台上。

　　因為這間Hotel Bar的樂團表演入場費是6澳幣，很多人都不願意付，所以他們剛開始表演時，台下享受音樂的人比他們樂團的人數還少。但我就站在那邊支持他們，我真的想聽聽這群夢想樂團的音樂。

　　他們沒有因為人少而失望，他們在台上更是忘我開心的表演，每個人似乎都在享受，一群大男孩在台上玩得很開心——原來這就是做自己想做的事，那樣踏實而美好——就像我騎單車旅行，在深山、在沙漠，身體再勞累，心裡就是那麼的踏實而快樂，因為那是我們自己想做的事。

　　好音樂是不會被埋沒的，隨著音樂持續放送，他們的熱情與快樂開始感染，很多人在場外聽到音樂，都紛紛付錢進場，漸漸地，人越來越多，大家隨著他們的爵士嘻哈

搖擺，他們的賣力度始終如一，完全享受著他們自己的音樂。

　　騎單車到這，也騎過了一個多月的時間，盤纏所剩不多的我，平時堅持不亂買不必要物品而增加行李重量。但這次我還是非常樂意地花了錢，買了他們的EP，只因為我看見了有夢的人，我深信他們一定會完成夢想。休息時間，唐納小姐介紹我跟他們認識，他們覺得我騎單車旅行很瘋狂，我倒覺得這10個人一起全職拚音樂很「殺」，在追求夢想與目標的路上，大家都是自己的英雄，都是實踐家，在一起啤酒乾杯的那一剎那，我們都互挺啦！

Neo小手札

　　平時在台灣開車的時候，我喜歡放這張10人大樂隊的專輯當作背景音樂，輕快的節奏讓人活力十足，我每次都喜歡與人吹噓說，這張專輯很特別，可能全台灣就只有我擁有唷！

　　而說著聽著，都可以想像得到他們10個人擠滿小舞台的熱鬧場面、每一個樂器的solo時刻，我也可以想到那些樂手的臉，我可以用這張CD懷念與他們的相遇。他們或許早就忘記了我，不過我確信，他們一定不會忘記他們的爵士嘻哈夢想。在開車前進的同時也順便提醒著我，千萬也不要忘記自己的夢想呢！

Goulburn，人呢？
人都跑哪去啦？

新南威爾斯（New South Wales）就是雪梨大城的所在州，這次造訪是第三次，第一次是騎單車挺進沙漠，到新南威爾斯的世界遺產Mungo National Park（請參閱〈挺進沙漠，找尋世界遺產〉）；第二次是從維多利亞泳渡Murray River後，便到達新南威爾斯（請參閱〈我在Mildura的日子〉）。

　　但我想，之前我只瞧見了新南威爾斯的冰山一角而已，這次單車挺進，會帶給我什麼樣的風景呢？

　　這次我來到了新南威爾斯的Goulburn。

人呢？

在進入市區前，我看到了一隻大肥羊，這是世界上最大的「水泥」羊，看到大羊的迎接，我真是開心不已。

進到市區後，我發現明明是白天，但這個城市卻異常的安靜，只有幾輛車經過。我騎著單車四處張望，發現這個城市很繁華，所有常見的知名商店到處都是，還有許多教堂，可見此城人口眾多。但是，店幾乎都沒有開，人都跑去哪了？

我騎單車找到了巴士站，看見裡面有人，所以大眾運輸系統還是營運的；然後我又找到Information Centre，發現裡面也有人。要了張地圖，我就開始我的探索，就算荒涼，我還是可以好好欣賞，而且不是更愜意嗎？

這個城市的建築雖然都不太複雜，但是卻有一種獨特的風味，感覺似乎有點歷史，但是卻又整理的很新、很整潔。我看著地圖找到了美術館與圖書館，圖書館一旁還有介紹城市的展覽館。但是……通通沒開！

我看了時間，是下午，但今天又不是週日，到底發生了什麼事？人呢？怎麼連展覽館都沒有開？這是什麼鬼城市啊？

我在這城市裡單車遊走，就好像在逛電影的攝影片場，一切都是假的佈景。熟悉的ANZ銀行就在這邊，郵局

1. 人都跑哪去了？

就在那邊，荒涼的像是被人遺忘，這應該都只是佈景吧？可是少許經過的車輛又提醒了我，這是真的！

我想到了電影〈楚門的世界〉，難道這一切都是有人刻意拿來騙我的？還是我騎單車騎昏了頭，這一切都是幻覺？但是我很清楚，我在澳洲！我在單車旅行耶？！

好吧，就算有連續殺人狂，拿著烏茲衝鋒槍在街頭掃射，馬路上至少也還有屍體吧！

就算是瘟疫，離開坎培拉之前，應該就看到封鎖線啦！

我怎麼樣也想不透，這裡到底發生了什麼事。帶著疑惑欣賞完這城市的建築與風貌後，我心想：「什麼都沒開，那……到這城市旅遊，要怎麼遊呢？連裸奔都沒人會尖叫吧？」

在圖書館門前的座位上，我邊休息邊吃著餅乾，疑惑的打電話給我朋友，想聊聊我看到的怪異現象。電話中，我終於了解到事情的真相啦！原來昨天日光節約的時間改了，所以第一，我的時間是錯的；第二，今天是澳洲的國定假期：「勞動節」！

所以大家都放大假啦！

Neo小手札

曾經有一次，我在荒涼的地方搭營。那個地方真的是人煙罕至，營區一旁只有一個公用廁所。而已經幾天沒洗澡的我，想說這裡這麼荒涼，應該不會被人發現，於是就乾脆在廁所裡脫個精光，盡情的用毛巾接洗手台水龍頭的水，來一場公廁裡的擦澡饗宴。剛開始我還一邊擦澡一邊大聲的唱歌，但卻突然覺得不對勁，這水怎麼刺刺的又鹹鹹的？原來這水是抽自一旁的海水，純粹是讓如廁的人可以方便洗個手。不過也管不了那麼多了，就繼續洗了下去吧。

在公廁用海水洗澡還真是特別的體驗，隔天，我的髮梢上就帶著鹽巴的閃爍，繼續奔馳下去。

Port Macquarie，
一個溫馨的角落

在新南威爾斯騎單車，沒有我之前在南澳的冒險犯難，沒有維多利亞的顛沛流離，取而代之的是一種溫馨的感覺。而說到溫馨，就不能不提我在麥覺理港（Port Macquarie）的故事。

在高速公路上努力奔馳，中午來到路旁的加油站休息，想買瓶飲料解解暑氣。由於當時單車停車用的那根腳架撐不住行李重量，已經快要斷了，所以只好把車靠在樑柱上，而兩台重機剛好也停在一旁。

重型機車向來都是路上的焦點，忍不住讓人想多看兩

尬車啦！

1. 尬車呀！
2. 可愛的招牌

眼；而這兩台重機的主人更是那種酷斃了的光頭騎士，不論是皮衣背心還是身上的刺青，都是帥氣的象徵。不過當他們從商店出來時，一看到我的車就馬上跟我致意，看來正在喘氣擦汗的我似乎贏得了他們的尊敬。

Black比重機還屌！至少靈魂更加強悍，熱血的心臟絕對比昂貴的引擎更有力量。

不過雖然贏了面子，但隨著響亮的引擎聲響起，機車立刻呼嘯而過不見蹤影，我這緩慢的烏龜還是被拋在了後頭。好嘛，我環保第一！

Port
Macquarie

從福斯特（Forster）騎到Port Macquarie一共是110公里的路程，一路上有許多的道路施工，塵土飛揚，很不好騎。而且沿路的強風更是吹得我寸步難行，在艱辛的踩踏後，我終於到達了麥覺理港的青年旅舍（Port Macquarie YHA）。

Port Macquarie YHA給人的感覺非常居家，就像是一個平房公寓式的家庭，只不過每個房間都被設計成背包客棧的上下舖而已。坐在旅舍中心的客廳沙發上，往後望就可以看到廚房裡有人正在烹調餐點，完全沒有旅店的隔閡感。

從YHA走個幾步，就可以來到海邊衝浪；離市區則要多走幾段路。一來到這個機能齊全又適合度假的城市，讓人想就這麼長期定居下來。

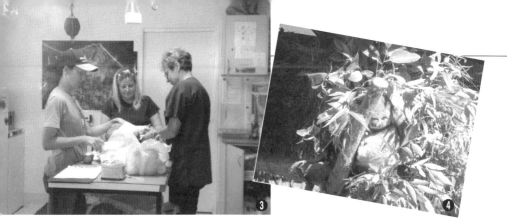

3

4

Port Macquarie一帶無尾熊眾多，這裡有個著名景點——無尾熊醫院。因為四周常常發生無尾熊遭到野狗襲擊而受傷，因此才有了無尾熊醫院收容那些受傷的無尾熊，也成為這一帶無尾熊保育的中心。遊客來到無尾熊醫院，除了可以看看無尾熊的介紹外，也可以找到不少販售無尾熊的產品，在醫院門邊更可以透過玻璃窗觀看無尾熊接受治療的情況，甚至可以看到手術呢！而園區的樹上睡著許多無尾熊，可以說是免費觀賞無尾熊的好所在。

當然，除了無尾熊醫院外，Port Macquarie最重要的就是沙灘美景以及港灣的風貌。我最喜歡的是一條溫馨的步道，步道內側是一個大型的車屋公園，而步道的沿岸的石頭都是民眾的彩繪塗鴉，非常有特色，讓人自然的想多看兩眼。

陽光照耀下，海面波紋閃閃發光，港邊的風吹來舒適。坐在這兒，不時可以看到親子散步共遊的景象，有時又能在岸邊發現悠哉的釣客、或是辣妹慢跑經過，也有的人騎著單車在路上緩緩滑行。時間，好像舒服到靜止了。

在台灣的時候，常有人說外國人多麼重視休閒，生活的多麼悠哉愜意，而我們辛苦的台灣人卻是承受多麼大的壓力，說不完的比較；只是當我自己親身駐足在美麗圖像的一角時，我才領悟到，或許生活哲學是這環境造就的；也可以說，是這裡的生活哲學逐漸造就了這樣一個環境。

呼吸幾口新鮮空氣，好像體會了更多⋯⋯。

3. 隔著窗看無尾熊
　 接受治療
4. 無尾熊太可愛
　 啦！

5. 有趣又溫馨的步
   道
6. 石頭上面都是創
   作
7. 愛情的見證
8. 海枯石爛？

　　石頭的豐富模樣，讓騎單車的我速度越放越慢，還真怕漏看了一顆就少了一次有趣的體驗。圖像有的可愛逗趣、有的令人莞爾，在豐富的色彩間我可以感到歡騰的熱情，想像一下啊，之前有多少人在這裡刻畫？而又延伸出多少笑容與故事呢？

　　此刻雖然不是徜徉在偌大的國家公園，也不是站在什麼著名的名勝之前，但是這個充滿色彩與故事的小角落，卻著實令我感到溫馨與難忘，一切看起來是那麼地祥和、快樂。如今，看著照片，憶起那個小小的角落所帶給我的溫暖，這份感受也會一直收藏在我心裡的某個角落吧。

　　我相信，每個人都會有一個屬於自己的溫馨角落，那麼你的呢？

Neo小手札

　　澳洲超市提供的手推車，很溫馨也很友善，除了讓你在店內消費時使用，還可以當你的大型購物袋，讓你借回家。在澳洲使用這些購物手推車是不需要投幣的，我曾看過有人把它推回家，到下次要購物時再推過去超市使用，這些過程中都沒有人阻攔你，而大部分人也都會乖乖的歸還，非常方便。

　　但是由於手推車的長期隨性使用，導致這些推車越來越容易在大街小巷中出現，後來業者還有提供免付費電話，請大家幫忙協尋這些推車，好讓他們可以把推車回收到店內。而這些手推車也變成旅程中有趣的小景點——有的推車在河裡游泳，有的推車盤據了高爾夫球場正中央——成了一種另類的城市裝置藝術。

Sydney，冒險房間 就會有冒險室友

冒險房間

騎單車來到雪梨（Sydney）後，我終於看到這一個如此盛名的大城市，而它也並沒有讓我失望。只是真正讓我回味不已的，是那聚滿冒險細胞的一個房間，以及它所延伸的故事……。

雪梨的背包客棧很多，便宜的也不少，可是這些大多建在樓上——雖然適合一般的背包客，但我現在是「單車客」，我的冒險單車感覺舒不舒服絕對是我住宿的優先考量。

因為如此，我住進了「五星級」的背包客棧Sydney

Centre YHA，這可是我的第一次。座落在車站附近的那一整棟龐然大物，是曾被票選為第一名的YHA。我不在乎享受，但我需要「停車場」──雪梨市的單車並不普及，雖然還是可以看到些許單車的蹤影，但是在雪梨騎單車可以算是一件驚險的事情──這是一個並未為單車規劃的城市，騎單車要很小心，而要把單車安置妥貼，也沒有幾間背包客棧可以選了。

Sydney Centre YHA是五星級的，但房價也相對驚人，6人房通舖一個晚上便要36澳幣。一開始我只訂了一個晚上，打算等找到其他可以收容單車的客棧，就要搬走；可是因為始終找不到，我只好繼續住下來。但因為我一開始沒有預定續房，所以被迫搬到另一個房間去，也因此，我意外住進了「冒險房間」！

Nasu小子

剛大包小包搬進另一個樓層的新房間之中，房內有一位日本人，跟他打過招呼後，我看見他在床上放了一頂全罩安全帽──在背包客棧卻有如此裝備的人，不用一秒鐘，我就認定他絕對是騎機車環澳旅行的人！那一刻，我笑了。

我沒多說什麼，只拿出我的單車安全帽給他看，他也笑了。

猜想果然沒錯，我倆用各自的方式進行各自想要的冒險旅行，我騎單車長途旅行，而他要騎重型機車環澳一圈，就這樣，冒險旅程故事絕對聊不完。彼此像是注定要住進同一個房間一樣的神奇，那間6人房就是只有我們2個人。

我叫他Nasu小子，他講英文沒有日本腔調，而他的母親是中國人，所以他會一些不流利的中文。我倆聊天非常有趣，英文夾雜中文，偶爾又有一些日本單字，溝通絕對無礙。而我叫他小子，是因為他只有21歲，我羨慕他如此年輕就開始他期待的壯遊，而他卻忌妒我已經單車旅行好

一陣子，有了好多奇妙的旅程經驗。

　　才認識沒有10分鐘，我倆就迫不及待的想看看彼此的鐵騎，當下趕緊下樓好好介紹一下彼此的冒險夥伴。

　　車只是交通工具，但假如他們的主人擁有桀傲不遜的勇氣、有探索世界的胸襟、能厚臉皮的堅持夢想，那麼，這些車，是戰車！

　　查看各自的裝備，我們進行了有趣的比較：我需要較多的水壺解渴，而他需要水箱載著預備的油料；而因為都不是汽車，所以我們帶著類似的必需品，帳棚、地圖以及氣化爐等等，這些都是流浪的好物呀！

　　單車旅行比較細膩，經過之地比較深刻；機車能踏足的範圍較廣，短時間內可以到達每個目的地。機車拋錨在路邊會傻眼，但是奔馳速度之快，舒服宜人；單車自行修理沒問題，但鐵腿流汗好拚命，就當運動好健壯。

　　一樣是流浪之旅，但彼此的經驗不同、狀況不同，這就是最有趣的地方。即便是指北針，也呼應了我們的不同，我的很小，甚至可以丟在口袋之中然後忘記它的存在，但在需要的時候，它

1. 兩台冒險鐵騎合影
2. Nasu先生與他的
　 環澳重型機車
3. 各自的指北針

Per

卻能讓我不迷失方向，我好喜歡它。

冒險房間，冒險室友，我們的故事可不是如此而已。沒多久，又有一位新室友入住，是一位瑞典人，叫做Per，我們在房間擱置的裝備馬上引起他的疑問。

Nasu告訴他：「Neo騎單車旅行！」

我告訴他：「Nasu騎機車旅行！」

而Per他的回答更是妙，他來澳洲是為要開「直昇機」！

Per過去在瑞典的軍方從事飛機修護的工作，但是他希望可以成為直昇機的飛行員，未來開直昇機從事商業載客的工作。由於在澳洲，從進入飛行學校到考到執照，其費用是瑞典的三分之一，所以這就是他來到雪梨的目的。

圓夢的三個好友

所以説，這一個房間裡，我們3個男生都是在進行圓夢的步伐，不管是單車、機車還是直升機，在雪梨的交會，讓我們非常開心。英雄惜英雄嘛，有相同冒險血液的人相聚，就是熱血的集合，在雪梨的生活我們也都一直有彼此。

雪梨歌劇院，真的很美！大橋也是壯闊不已！滾石區是我最愛待的所在！三隻猴子酒吧裡樂團表演很讚！

但是想起雪梨，最令我難忘的，是與冒險室友的相遇。

Per從面試到確定進入飛行學校的那天，他很高興的對我説：「下週我就要第一次試飛了！」當下，我們一起歡呼！

我們合力一起採買，一起下廚，Nasu切菜、Per處理肉類、我則負責烹調，一起為我們的認識慶祝一番！跟冒險室友一起乾杯聊天，最是過癮。

就在我們煮好要大快朵頤時，另一位瑞士男孩Patrick突然出現了，他是今晚新來的室友，而他的冒險就是——聽三位冒險室友經歷的故事，呵呵！

4. Party Time
5. Per負責肉類處理。

Neo小手札

後來我在往布里斯本騎去的路上，都一直有跟Nasu聯繫，當然，他總是騎的比較遠，每一次都有著很遠的距離。

有一次，他說Byron Bay很美，他要多住幾天，於是我叫他等我；當我騎到Byron Bay後打給他，他卻說他剛到布里斯本，正在修車；而當我到布里斯本時，他又說他才剛離開布里斯本。這場單車與機車的追逐戰，我總是趕不及，但是開開玩笑互相鬧一鬧，在旅行的過程就好像有了一個人懂你當下的感受。當我不知道要選哪一間背包客棧時，就直接打電話問他之前住過哪一間，一路上我們有了彼此陪伴。

除了我倆繼續冒險之外，Per後來也如願拿到了直升機的駕駛執照。而最後加入冒險房間的瑞士男孩Patrick，回國之後也開始了他真正的冒險：他加入了瑞士的空軍。

我們這群狂人的冒險相會就是雪梨送我最棒的禮物。

千里跳海計畫

好冷唷！那就一路騎單車，追逐陽光吧！

不知道是因為天氣冷的原因讓人想念陽光，還是因為騎單車旅行這一件事本就應該積極正面，因為熱血所趨，所以教人追逐陽光，或許這也意味著追逐的，其實是心裡的「陽光」？

飛蛾都會撲火，植物也有趨光性，那麼此趟旅程追求的，或許在不太正常的行為中，其實貼近的是那最單純最基礎的「人性」。

放棄南方那令我嚮往的塔斯馬尼亞，一路往北前去，其實最大的原因是因為墨爾本的寒冷。在那裡我度過了很長的寒冷之冬，一天有四季之外，下冰雹、下雨頻繁，讓

我非常想念初入澳洲時那沒事就往海邊跑，總是被曬傷的滋味。

　　所以我想從寒凍移動到炎熱，再從炎熱到水裡避暑，三溫暖的旅程，讓我覺得一路向北的前進，說穿了，就是一個「千里跳海計畫」。

　　離開墨爾本，一直以為從坎培拉開始，天氣就會轉好的，但這個判斷完全錯誤，從坎培拉往Goulburn的路上，那雨又通通下在我身上啦！

從雨中奔向陽光

　　我不喜歡下雨。雖然我在到達墨爾本之前的旅程，一直都是邊淋雨邊繼續飆，但我還是不喜歡在雨中騎單車，不浪漫，是狼狽！

　　好在我在農場打工的時候，室友Zoe送了我一套雨衣，除了面對騎單車去農場工作時變換無常的天氣，在我繼續冒險的旅程中也能派上用場。穿上雨衣，再加上大洋路德國友人送的反光背心，全副武裝繼續奔馳。

　　我真不敢相信，人竟然可以一直淋雨，淋如此長的時間。至少我人生中持續淋雨不間斷的紀錄就是在單車旅行中發生的。有些時候風雨實在很大，刺骨冰寒的水滴打在臉上，看到路上休息站的涼亭，就馬上進去躲雨。但是躲著雨，風雨卻沒有變小的跡象，看著地圖顯示的距離，再看著手錶，在環境、時間與距離的賽跑下，小小涼亭的駐足，就是我計畫盤算的兵棋台。但有時就是這麼無奈，躲了5分鐘的雨，我還是要探頭出去面對未來5小時的雨。

　　越是淋雨，我越期待看到陽光沙灘的風貌。

　　騎到雪梨，下雨的次數少了，但是天公還是喜歡告知我，他流的淚比我騎車流的汗還要多很多。

　　然後，我繼續騎到Newcastle，看到了海，但還是不夠遠呀！

　　英國有Newcastle，澳洲也有，這個城市給我的印象就是教堂與沙灘，騎去燈塔與海邊看一看，咻～！好冷

1. 依舊寒冷的
   Newcastle

追尋陽光的過程

唷！看著燈塔旁的碼頭一直被海浪侵襲，想騎單車穿越的我，可得要注意不定時吹上來的浪，那一定很刺激。可是抬頭四顧，天空灰濛濛、海灘冷清清，對陽光的期待又再度落空……。

在追尋陽光的新南威爾斯高速公路上，遠遠地，我突然看到一個龐然大物，咦？這塊紅石，好像就是「世界的中心」，澳洲最有名的艾爾斯岩——烏魯魯！

當時我馬上撥電話給在坎培拉的朋友Ken，跟他炫燿說：「我看到烏魯魯了！」然後繼續騎單車逼近，接著我發現，天呀，真的是烏魯魯耶！不過是仿冒的！當下我自己在高速公路上笑翻了。

原來那個是一間複合式加油站，刻意造景成艾爾斯岩的模樣；原來新南威爾斯也有烏魯魯呀！

追尋陽光沙灘的過程中，我看到了好多意料之外的景色，但是心中依舊期望著：「我一定要騎到一個地方是熱到不行，然後可以跳到海裡面，好好恣意的擁抱夏意！」那是一個想像，想向那海灘與陽光，就是我用雙腳追來的！

記得外國背包客朋友在與我一起出遊時，好奇問我：「為什麼你拍照時總愛把自己的手入鏡？」當時我才恍然大悟，我不知不覺間很常這麼做，而且照片還不比我到處跳躍的照片少呢！

用手抓住一片風景

或許當時我是想抓住見到美景時那瞬間的心情，不見得一定要在風景前站著留影，我要捕捉的，是當時眼前的那一幕；那隻手就是我未來懷念的延伸，彷彿我再度伸出手，我就又回到那兒。

而千里跳海計畫的漫漫長途雖然辛苦，但現在我終於可以用我的手抓到那片海洋了！

我不知道東岸的海邊有多美？這之前我只欣賞過西澳的動人，但是當我騎到一個所在，我皮膚感受著酷熱的烈日，而海邊給我的感覺終於與我期待的印象相吻合時，我就知道，我到了！

2. 用手抓到那片
   海洋

　　從那感覺來之後，後續的旅程，我隨時都可以跳海游泳，因為後續北上的路途，天天都是很棒的海灘日，只是每天都換不同的海灘。那是一連串把自己弄濕再弄乾的過程，游個泳，然後上岸在海灘上曬太陽，曬到熱呼呼後，再跳進海裡；或是騎單車騎到滿身大汗，騎到了海邊就跳海，上岸之後繼續照行程騎車，騎一騎，又被曬乾了。

　　這就是後來，單車旅行每天很重要的一件事：「不斷的跳海」。

　　後來，我在泰國時又遇到蘇格蘭兄弟Jamie，聊天時Jamie說他計畫去峇里島學衝浪，整整一個月就是每天去衝浪，然後在海邊曬太陽喝啤酒，就是要每天衝浪！我很了解他說的那種感覺，就是追尋一個感覺，然後一直沉浸在那感覺之中。

　　在單車旅行中一定會遇到磨難，但也會遇到幸運，有天堂、有地獄，而追求陽光的路上，就像是從地獄走到了天堂。黑暗到明亮，雖然只是一趟旅行，但是這「趨光性」我相信會一直影響我的生命。

3. 不斷的跳海！

Neo小手札

　　小鐵稱霸沙灘！

　　小鐵是漫畫抓狂一族的主角，在漫畫裡，他是一位活潑好動的熱血男兒，最驕傲的就是他全勤的上學紀錄。他一直都有用不完的精力，還有永遠樂觀的態度，因此讓我很喜歡。

　　由於他的公仔表情太過熱血傳神，我一路都帶著他旅行，陪伴我、勉勵我，有時候也成為代表我的專屬模特兒，這趟千里跳海計畫，他非常的開心，瞧他的表情，笑得多燦爛啊！

在Byron Bay 發現Paradise！

傳説中的背包
客棧

電影〈海灘〉（The Beach）之中，講述了一座人間天堂，人類遠離了繁華、逃開高科技，回到那原始的自然，在與世隔絕的所在快樂的生活著。原本以為這種感受只有在電影及想像中才得以呈現，但是經歷過Byron Bay的Art Factory洗禮，我似乎幸運地踏進了這想像之中的「Paradise」！

東岸因為其盛名，所以觀光業非常發達，海邊到處都可以看見豪華的飯店，港灣則停泊著遊艇。看著這完全有別於澳洲西岸較原始的情況，我腦中盤旋的畫面是007之

類的電影，遊艇追逐槍戰的畫面應該就是這樣的環境吧。

　　由東岸的旅店分布，也可以窺見其旅遊生態的不同。許多城鎮都是只有飯店或車屋公園，找不到背包客棧，因此可以看到很多全家大小親子共遊、或是老夫婦度假享受，而我這樣獨自一人的背包客，有些時候反而是那邊的異類。因此，如果有背包客棧密集的地方，那也就是玩家們的天堂，而Byron Bay就是背包客的大本營！

　　在從坎培拉騎單車往布里斯本的路上，東岸觀光最著名的是黃金海岸。但是一路北上，從南下的旅行者口中聽到的卻大有不同，揮金度假的人們口中講述的是Surfers Paradise那高聳的度假豪華旅店；而背包客們，則都說一定要去造訪Byron Bay，而那兒的背包客棧Art Factory更是眾人口中的首選。「遊客」跟「玩家」的話，當然是聽玩家的囉，抱著滿滿的好奇心，我終於用我的雙腳，用輪圈滑向了Byron Bay。

　　一樣的美麗沙灘，一樣的人潮，Byron Bay眾多的年輕族群，讓這個地方年輕了起來。市區有好多間背包客棧

❶

1. Art Factory

一個人的單車旅行 281

可供選擇，衝浪店、紀念品商店、各種美食餐廳、咖啡廳及酒吧，其實看到那環境，任何背包客棧我都願意停留，只想快快的在這安頓，好好感受Byron Bay的風光。

可是，很多市區的背包客棧卻都早已客滿，當下我才想起了那間不在市區的Art Factory。還記得之前我在Port Macquarie時，一位愛爾蘭室友向我提起Art Factory那天花亂墜的誇獎，既然它的名號是大家「傳說」而來的，我也就決定前往探訪這個傳說。

它不是客棧，
它是個部落！

一到Art Factory，看到好多牆上的繪畫，還有整間背包客棧流露出的原始氣氛，很難控制那想住進去的衝動。

客棧的週一到週日，每天都有特別的節目或活動，黑板上都會寫最新活動，無聊二字在此不再成立。入住這裡之後，這裡感覺起來不是背包客棧，而像是一間樸實的度假村。他的生活機能與舒服的感受，即便足不出戶而就這樣住著，或許也就夠了。

真的有這麼誇張嗎？因為他已經跳脫背包客棧的經營，可以稱做一個「部落」了。

Art Factory基本上是蓋在叢林裡面，所以四周都是

2. 各種商店盡在其中

3. 別懷疑，不只是
游泳池，背包客
棧裡面還有湖泊

原始的叢林，裡頭有湖泊、木造的建築以及蒙古包似的房
間，在自然中一點也不突兀。而搭帳棚的露營區，更是長
期待在這生活的背包客們的家，那些舒服的房間與蒙古包
其實是給過境這部落的旅客使用的。

　　除了客棧的基本櫃檯外，他們還設有旅遊諮詢櫃檯，
可以報名諮詢任何旅行團；另外果汁吧及餐廳，解決了偶
爾懶得烹飪的悸動。Art Factory的鄰居就是一間酒吧餐
廳Buddha Bar and Restaurant，裡面獨家販賣Byron
Premium啤酒。仔細看，你會看到酒吧內部有一個大型酒
槽，沒錯，這些可是最新鮮的現釀啤酒呀！

　　有酒吧的背包客棧在澳洲不少，但是Art Factory卻更
勝一籌，它還有大型電影院！

　　而且既然叫做Art Factory，它還有瑜珈課程、藝術及
工藝活動在此展開。

　　這是一間什麼都有的客棧，有野心還想擁抱Byron的
人，當然可以出去享受海灘與市區；不想出去，裡面也有
游泳池、沙灘排球，而到了晚上，除了隔壁的酒吧外，想
去市區酒吧的話還提供了夜間巴士免費接送！

　　不過根本不需要去市區的酒吧呀！隔壁的酒吧還有南

美風情的表演，人們隨著墨西哥的音樂在台下舞動，燦爛笑容以及高尚的風度與酒品，有別於其他夜店的狂亂，取而代之的是舒服的陶醉。是環境改變了人們，還是人們造就了環境？

叢林裡的音樂

　　每天中午，都聽到一陣輕快的鼓擊聲吸引著我，有一天我掩不住好奇，循著音樂聲，慢慢的找到了露營區，那群長期住在Art Factory的人們居然正在這邊狂歡。Jungle Music，每天從中午12點玩到下午2點，人人都可參與。有個長得像印地安人的Jammin會帶領大家，大家敲擊著不同大小的鼓，有的人熟練的敲打，也有的跟我一樣慢慢地跟著節奏敲擊。

　　一旁還有人開始耍著繩索或棍棒，玩起了各種民俗表演。大家的穿著似乎因為長期待在這裡而漸漸地與外面世界有所不同，赤裸的上身，許多男孩們健康的黝黑皮膚上有著印地安式的刺青。無論男女，身上的衣著都成了鬆垮的布幔，球鞋已經不見，赤腳或拖鞋才是王道。這裡到處都是嘻皮、印地安、或夾雜非洲叢林的風貌，到處都看得到藤編的手飾、古老風情項鍊和編織的髮辮。大家都是開

4. 每天中午的
Jungle Music

心的，都在音樂之中自然的笑著。

　　我猜想，假如我在這住久了，或許潛移默化下，我的牛仔褲該不會也變成鬆垮的布幔？我的單車會編滿竹藤？我已經無法思考下去，隨著鼓聲，讓細胞充滿著節奏。

在Byron的回憶

　　在Byron的夜晚，不插電的Live Show，配上一盤BBQ套餐，也有背包客們配合演出。空氣開始沁涼，柔柔的吉他聲與清脆的歌聲，大家都在戶外的湖畔前齊聚一堂，又有誰在乎這個世界發生了什麼，一切美好都在這與世隔絕的世外桃源中進行著。這裡只有原始的動作，心靈上的富足才是真真切切「生活」著。

　　在這裡我和朋友一起去燈塔看日出，走到了全澳洲的最東角；我們在廚房搞了一鍋大餐、騎單車閒逛、跳了跳傘（Sky Dive）、在房門外與眾人玩真心話喝酒遊戲。

　　每天我們都去海邊舒服的游泳，享受陽光的包圍。

　　後來我有買一條我很喜歡的手環當作在澳洲的紀念，上面就刻著Byron，隨時可以讓我回想這天堂般的生活，也別忘記那簡單樸實的感動。

5. 在Byron的回憶

　　原來這個世界，是有群人在一個角落過著這樣的生活。

　　如果你也想體驗這樣的生活，不妨參考一下吧！

Act Factory：

http://nomadsworld.com/arts-factory/

❺

Neo小手札

在Byron Bay，我不只是住了天堂，我也飛上了雲端。

時間：2009年10月17日

地點：BYRON BAY MISSION BEACH

高度：14000 ft

話說那一天，一大早就去玩高空跳傘，眼睛都還沒睜開，人就已經在飛機上了。從飛機上往下望，除了美麗的海岸線，還意外看到了鯨魚，這一天，我期待已久的Sky Dive就要發生啦！

最刺激的一刻就是飛機艙門剛打開，感覺有點夢幻，好像不是真的，而當我坐在艙門口，我知道，想什麼都沒有用了，就盡情享受吧！

跳下飛機的瞬間，真的是全身往下掉，而開始迅速往下掉時，感覺是在飛。沒錯！就是在飛！靈魂的速度有一點點趕不上肉體的速度。剛跳下去時，墜落感十足，而開始迅速往下掉時，感覺是在飛。沒錯！就是在飛！

他們說，14000 ft是全澳洲高空跳傘最高的高度，會有一分鐘的自由落體時間（Free fall），而那當下，我已經忘記時間了，當降落傘打開後，我指著下方的雲，要求我後方的教練帶我穿過去，看著自己用全身去擁抱雲，然後穿過去，感覺真是棒透了！

還記得上飛機前，教練問我是不是第一次跳，我猛點頭，結果教練開玩笑的說，他也是第一次！或許每次跳，對教練來說，就有如第一次的美好吧！

永遠不會忘記，那一天我擁抱了雲！

我只是想睡個覺而已

我曾經在墨爾本街頭看到一棟建築，我對著朋友說：「這建築下方的走廊很不錯，遮風避雨，又不太顯眼，假如真的要睡在街頭，我會選在這。」

後來在市區逛到很晚，天黑了，又經過了那棟建築，果真有流浪漢已經躺在那邊了！

說也奇怪，我為什麼會有這種想法？我是背包客，又不是流浪漢。

或許是單車旅行過後，意外的多了一些技能，這技能應該說是──「在克難的環境下，尋找舒適」。小小的細節、環境的小差異，生活起來舒不舒服就會差很多。

我在澳洲，有車有房，帳棚是房子，單車是車子。

有殼蝸牛背著房子趴趴走

這小小空間就是我的小王國，用3G無線網路裝置，在帳棚內與朋友MSN、打日記、上傳當天的照片、查一下明天的天氣、確認一下探索的路線，還可以看看電影——可是最悶的也是這點。如果在沒有電源的露營地看電影，當正要到結局時，筆電的電池剛好沒電？！那這一夜就得在不知道電影結局的遺憾中睡去……。

最佳睡覺地點

而到底哪裡才是我最愛的睡覺地點呢？其實既不是五星級飯店，也不是什麼旅店，而是徜徉於自然之中啊。自從當了背包客，從首站伯斯開始，我就開始喜歡去公園睡。澳洲的城市裡有好多的公園，帶本書或雜誌在樹下悠哉躺著，大字型的躺在草皮上聽著鳥叫蟲鳴，看著陽光經過樹葉過濾後的金黃閃亮，感受著微風吹拂，聽見遠方孩童嬉戲的笑聲，就這樣睡個午覺，真好！

我真的真的，只是想睡個覺而已！

Neo小手札

到處紮營的故事很多，其中有一段卻一直讓我難忘。

有一次我騎到右腿的膝蓋很痛，到了 Tweed Heads 時已無法忍受，於是打算找地方搭營休息。當地的車屋公園很貴，約28澳幣，是提供給家庭使用的。我一個小小帳棚其實只需要一點草皮而已呀！

因為太貴，所以我只好離開另覓地點。當我停在一個公廁旁歇息時，我看著公廁，看到它旁邊有一顆樹。莫名其妙地，我就決定了……我要在這搭營！

Tweed Heads是大鎮，車多、店多、人多，馬路對面就是麥當勞，在這搭營，現在回想起來真是蠢呀！但是當時腿的疲累讓我有了莫名的勇氣……不，是傻勁！就這樣搭營睡起午覺。

剛躺下，還不到5分鐘，我就聽到有人路過的聲音。有個女孩經過這，然後一邊喊：「Sorry！Sorry！」一邊驚惶地跑開。她可能是散步經過，看到帳棚好奇走過來，然後看到有人在裡面所以趕緊跑開。

Oh～！My God！真正Sorry的是我呀！我竟然像個奇怪的流浪漢在此搭營，而外那一夜，住宿是0元，但又要擔心會不會被醉漢騷擾或被警察開單，而外面車來車往也睡得不安穩。以後我再也不要做這樣的蠢事啦！

一路上讓我微笑的人

1. Catherine &
Trevor

騎單車經過一處道路施工，我開心的向他們招呼說聲：「Hello！」結果整群工人看到我騎單車的模樣，居然為我鼓掌歡呼、替我鼓勵，那時身軀雖然疲憊，但是我笑了！我振奮了他們，他們也振奮了我。

長途單車旅行，因為緩慢，所以可以看得多，而人也遇到不少，這些一路上讓我微笑的人，是很大的收穫，是單車旅行的寶藏。

有一次，當我在酒莊品酒時，認識了Catherine & Trevor夫婦，他們對我的單車旅行非常感興趣，他們的兒子目前人也在中國旅行。我們在酒莊聊得很開心，突然，Catherine回過頭跟先生竊竊私語，似乎在徵詢丈夫的認

Catherine &
Trevor

2 3

同，然後我就看到兩人一起點頭。

Catherine問我：「你在澳洲有家嗎？」

我笑著說：「當然沒有啦，你看我的臉，我是外國人耶，我都住Backpackers啦！」

Catherine：「那你想要一個家嗎？你想體驗澳洲人的家嗎？」

我：「？」

Catherine這時又再次向他老公打pass，示意一下，似乎要徵求同意。Trevor點點頭，然後Catherine才繼續道：「如果你願意，當你騎到墨爾本時，歡迎來我們家住。」然後他們就寫下他們的地址電話給我。

天啊！莫名其妙獲得免費Home stay機會耶！真是感動！雖然我後來並沒有去找他們，不過這份心我依舊放在心中。

Paul

在袋鼠島環島時，騎到一個鎮上我發現了IGA超市，餐風露宿搭帳棚好多天了，看到超市非常之興奮，馬上買了半隻烤雞跟新鮮水果在門外的餐桌前吃了起來，吃著吃著，一台單車往我這駛來，那個人是Paul。

Paul也是一個騎單車旅行的人，旅行了這麼久，我終於遇到相同的知音，我們彼此都很開心的聊了起來。他說他早就知道我了，一路上早就聽島上的人談論到我，他說

終於看到我本人讓他非常開心，當然，我遇到同好也是非常開心。Paul只打算環袋鼠島，所以是開車過來的，騎完之後會再開車回家。於是我們交換了聯絡方式。

Silke

在Apollo Bay的YHA時，認識了來自德國的Silke。其實在袋鼠島環島時，我們就曾碰過面；而在我住進YHA時，她馬上就認出我來，讓她很傻眼的是，她是開車旅行而且才剛從袋鼠島那邊玩到大洋路，沒想到竟然又在大洋路遇見騎單車的我！她覺得我騎單車居然就跟她開車一樣快，哈哈！

她還跟我說，她在大洋路上其實就有看到我騎單車的身影，只是因為陰天，我的身影很不明顯，開近之後才看到我。所以隔天，她特地送我一件螢光的背心，要我注意，安全第一。

所以在大洋路後段路程，我就穿上她送我的背心騎單車。騎到一半，沒想到她居然又開車從旁超過我，看到我穿著她送的背心騎車，她搖下車窗開心的大叫：「你真的穿了耶！你現在是專業的啦！」

好窩心，而原來好好善用對方的禮物，對方也會開心不已呀！

在基隆的道地朋友

在Geelong的Hotel Bar我認識了一位道地的基隆人和他的紐西蘭老婆，他們夫妻倆有7個小孩，所以他們很努力的工作養家，先生甚至有2份工作。他們說，他們每天都要過來這邊喝點啤酒紓解壓力，我問：「那你們的小孩呢？」「在家啊」他們這麼回答，老實說我還真是無言。

對於生活感到不如意，也對生活很多抱怨的兩人，依然苦中作樂，一直搞笑的打情罵俏。他們很喜歡約我喝啤酒，不過後來我的旅行其實很克難，並不太想花錢；他們知道後，居然主動買了啤酒來找我，說是因為喜歡我的單車故事。拿起酒杯，跟他們乾杯，那杯啤酒，充滿了人情

4 **5**

4. 道地基隆人以及
　　他的紐西蘭老婆
5. 最奇妙的老先生

半路殺出……

味，我真的很感動！我只是一位陌生人，但是他們卻待我如老朋友一般！萍水相逢的我們一起笑了。

　　而我遇過最妙的人，或許是一位老先生吧！

　　在我快騎到墨爾本的高速公路上時，他突然到路肩上停下他的休旅車，然後下車把騎單車的我給攔下來。原本我還以為他是要問路或是突然有突發狀況之類的需要協助，結果通通不是。他專程停車，就只是為了要跟我說話！

　　聊過天後，他很喜歡我這種冒險的單車旅行，也告訴我說他家車庫裡有很多摩托車跟單車。接著他就開始寫地址，說我到墨爾本可以找他，他家也有床位供我住，也可以一起出去玩之類的。天呀！Home stay半路殺出來耶！又獲得了Home stay門票一張。怎麼這麼多人想帶我回家呀？真是受寵若驚！

James

　　我在雪梨第一個認識的朋友是James，當時剛帶著單車來到這知名大城，實在不知道要選擇哪一間背包客棧。眼看天色晚了，在路上我就看到他背著大背包走進一間紀念品商店。當下我馬上走進去問他兩個問題：「你是背包客吧！你住哪一間背包客棧呀？」於是我就這樣跟著他回家，住進了Sydney centre YHA。

　　一路上讓我微笑的人，還有還有還有很多……蜜

蜂農場的Paul、冒險大嬸Tracy、教我開船的Hank、爵士嘻哈團Jumbledat以及Donna、和家人一樣的Susan以及Pia、背包客的夥伴Ken……其他還有許許多多的好朋友，不論我是否知道他們的名字，我都要說聲謝謝。

　　還有你！謝謝你看到這裡，很高興認識你！

6. 威爾斯的James。

Neo小手札

　　隨著旅程中的貴人不斷增加，我的明信片在途中也很快的就發完了，我只好請家人再補寄一疊給我，在收到明信片的同時，也發現了老爸附上了一封給我的信：

　　「我親愛的兒子：你的執著跟勇氣，讓你磨練出從未有的自信跟體魄。可喜可賀，爸爸為你感到驕傲。也相信你能走出屬於自己的人生。雖然歷經滄桑、吃盡苦頭，但是你的收穫是豐碩的、甜美的。兒子啊！堅持到最後一刻，用你的方法完成你的背包客行程，除非萬不得已，不要求助於人，才能體悟『置之死地而後生』的真諦。」

　　看到這裡我已經感動的落淚了。原先不支持我的家人，後來漸漸地接受，然後到了現在已經為我感到驕傲，這一封信給了我最大的肯定，我的心境也真的宛如置之死地而後生。

　　「爸爸送你一本『般若波羅密多心經』給你加持，在心靈上補充你的能量，希望你會悟出其中的奧秘，也祝你心安平安。爸爸留」

　　看到這我破涕為笑了，覺得父親很可愛也很窩心，他用他的方式在愛我在教導我，原來一路上讓我微笑的人很多，而我的經歷也讓家人們微笑了。

夢想的延續

心的傳承

　　不知不覺，單車旅行走走停停，單車生活半年過去了，而預定在澳洲的奮鬥也近一年了。昆士蘭的布里斯本，就是我在旅途中默默設想的終點。

　　隨著一路向北的東岸單車旅行，即將快騎到了布里斯本，此時我對於Black的未來開始憂心，我心愛的單車，要如何把他寄回台灣呢？

　　經過詢問，單車體積太大，郵局建議我用海運寄送，當時我腦海中想到的畫面是──未來，我要把這陪我冒險的戰車掛在我房間的牆壁上，以後一定回味不已！最好輪胎上還有點泥土！

　　而旅途中跟我爸通電話時，老爸卻給了我另一個想

法：假如有緣，我應該把這精神延續下去！

　　我這才回憶起單車旅行前那段準備的日子──努力打工，每次領到薪水就去單車店買裝備，很辛苦的籌備與建立這一切的可能性──我知道也相信有很多人有著跟我一樣的冒險夢，或許Black不該是被我帶回家作紀念，他或許應該一直屬於冒險旅途。

　　所以我開始在網路上試水溫，在背包客棧公告我打算賣車，想知道有沒有人真的需要。錢不是重點，重點是有心！

　　自己一路騎來，深刻了解那種感覺，沒有顆熱血的心，是不太能辦到一些瘋狂的舉動的。而且我絕不希望Black變成一台只在城市中代步的車，他是冒險的戰車，他的天空無限大，他應該到處奔馳。所以有「心」變成我肯放心捨得的重點。

布里斯本的Yen

　　意外的，上網試水溫之後才知道，原來這麼多人想嘗試單車旅行，而感興趣的其中一人就是Yen先生。Yen是常常看我部落格的網友，彼此分享澳洲的旅遊故事，他對單車旅行非常熱愛，在台灣就有不少單車經驗，自己也正

1. Yen & Neo

在規劃與建立單車旅行的開始。

　　在我快騎到布里斯本時，他跟我約好，一定要到他布里斯本的家跟他喝杯啤酒。於是一到布里斯本，我就直接跑到他住的Indooroopilly與他會合。

　　就這樣我與我的家當跟隨著他，由他騎單車引我回家。而令人意外的是，回家的路是一大堆上下坡的山路！呼～Yen還真是好體力，每天騎這種路。到達後，其實也已經騎了五六個小時，而沒想到他接著就興致勃勃的說要帶我去爬Mt. Cootha！累歸累，被他熱情的邀約，加上我的好奇心使然，我們就朝著山頂的風景出發。

　　再度讓我吃驚的是，Yen帶我爬的是小路，用走不行，要用手幫忙，確實是用「爬」的，一路上都很有滑倒滾下山的風險。他還跟我說，他曾經把他的登山車扛上來，下山時超級危險，單車變成枴杖的功能，此時我心理就默想：「這個人真的瘋瘋的！」

　　長途單車旅行的最後一站，用布里斯本的風景作結束，也算是很開心的一件事，隨著夕陽下山，又瞧見了布里斯本的夜景，真的是很棒的禮物。

2. 布里斯本的禮物

3

3. Indooroopilly的
　 居所

　　我與Yen就在山上暢飲啤酒，聊得很過癮。

　　天黑後，我倆用手電筒再沿原路下山，那樣的山路、那樣的黑暗，用了不少心力才平安回家，此時我心裡更加暗想：「這個人還真的是瘋瘋的！」但是「跟我很像！」

　　探險過後，Yen的房東很慷慨的收留我，在Indooroopilly的山中小屋與Yen擠一間房，而澳洲房東先生也和我們相談甚歡，還同意讓我多住幾天，又是一次感動呀！

　　受Yen的照顧，喝了不少啤酒，聊不完的天，我們變成非常要好的朋友，而我也了解到，他現在的單車因為前陣子的車禍而有些損壞，我知道，他真的很需要一部好的單車；而他對單車旅行也已經規劃很久。而我從稍早爬山的過程中明瞭到，他絕對是個會完成瘋狂壯舉的那種人物，或許是有緣吧，我暗自決定，Black應該讓給他。

　　他就這樣成為了Black的新主人！

　　在我要離開澳洲前，Yen送給我一張明信片，其中一段他說：

　　「是腳踏車讓我進入了你的部落格，但是讓我看下去的理由是你的創意與天馬行空，因為你是一位勇敢放開心胸去與任何人產生關係的人，所以謝謝你幫我上了一課

『背包課』。 如果能和你一起單車旅行，那種一起搭營在廁所後面，以後回味一定很棒，可惜，不過也因為這樣，我幸運擁有Black，謝謝因為你的捨得讓我有更好的條件，完成我的夢想。」

　　其實真正感謝的人是我，單車在澳洲陪伴我最多的時間，要找到有緣人非常不容易，因為我非常捨不得，我寧可把他寄回家；但是我更希望能夠把這精神延續，可以知道這輛車還在繼續奔馳，那我會更加開心。而Yen的特質與態度，就是讓我百分百放心、願意把單車交付給他的人，因為他的執著與熱情，彷彿讓我看到另一個自己，而他的哲學又是另一個故事的啟程。

　　結束我餐風露宿辛苦的單車旅程同時，有一絲絲鬆口氣的舒適感，但是卻也讓我羨慕，Yen可以踏上冒險的旅程，因為那種感覺真的是很棒！

　　想做一件挑戰自己意志力的事！想做一件非嘗試不可的事！想要面對未知的挑戰與冒險！想要在天地間靠自己雙腳，一步一步地踩踏，一步一步地體會感受，讓自己驕傲，寫一篇將來永遠說不完的故事！

　　單車旅行壯遊是我做過最棒的一個決定！

　　「把愛傳出去」，當你受到別人的幫助或恩惠時，最棒的回饋方式，就是懷著這份愛再去幫助別人。單車路上

4. 交接

學習很多、受到很多貴人幫助，而我相信，我的熱血、我的行動，一定也撼動了不少人的心──或許是將台灣印象深植於外國友人的心中、或許是把節能環保的旅行觀念傳遞出去、又或者是鼓勵人們勇於冒險──我想，就算只是那些奮力爬坡的態度，也都在旅行中將我的陽光散播給更多的人吧。

單車旅行教我很多，我也盡力的分享我的一切。這一路上受惠最多的，就是我自己。所以我也希望這份精神可以延續，冒險的單車，還再奔馳！

將所有裝備與綁在單車上的國旗都交接出去後，單車客變回了久違的背包客。但我很高興，夢想似乎延續了下去！

Neo小手札

後來回台灣之後，突然有天收到一張明信片，上面的郵票還印著Black字樣，是Yen從紐西蘭寄來的，看到明信片，我的心，好激烈的跳動著。

沒想到Black已經到了紐西蘭！

事情是這樣的，Yen騎完他的澳洲冒險後，把單車讓給了一位香港人，這位香港朋友騎單車長途旅行的目的是為了替在澳洲出事情的朋友募醫療款項，邊騎邊募款。後來Yen回台灣後，食髓知味，又跑回去澳洲把單車給買回來，然後運到紐西蘭奔馳。而當他在紐西蘭完成旅程後，又轉讓給了另一個外國朋友。

所以從我之後，已經出現第4位繼承者了，Black還在奔馳！

我親愛的戰友Black，與你一起冒險的時光是痛苦深刻的磨難，比當兵還要深刻；與你一起翱翔的自由，比退伍還要自由。你載著我，我帶著你，看見了自然的美好。感謝你陪著我超過三千多公里的長途跋涉，也希望你可以陪著其他人，讓他們看見更遠的風景。

感謝Yen，感謝Black所有的騎乘者，感謝出現在這些冒險旅途中扮演重要角色的每一個貴人與故事，因為你們，故事好精采，生命好富足！

Black郵票。

尾聲：流浪的印記

流浪的印記

離軌道遠一點，好像更可以看清楚整個火車的面貌；

那走遠一點，好像也可以更清楚的看看我原本的人生。

隨著單車旅程結束，我親愛的老姐即將要步入禮堂完成終身大事，而我也該回台灣參加她的婚禮。在婚禮開始前，剩下的半個月時間中，蘇格蘭兄弟Jamie突然從泰國捎來邀請，要我過去找他玩。我就這樣飛過去曼谷，作為我這一年壯遊的最後旅程；而這最後半個月，我在曼谷、清邁靜靜的生活，也思索了這一年流浪的沉澱。

跟團的人生？

清邁是個比較鄉下的所在，有點世外桃源的感覺，讓人有些許放逐感，但是卻又有著淳樸與簡單的感受。

或許是新加坡跟澳洲背包客很多，所以覺得自助是理所當然的，但是我印象中的泰國，所聽聞的都是跟團的旅行。當我拎著背包踏入清邁之後，我突然思索起跟團這件

1. 來曼谷機場接機
的Jamie

❶

事——因為即使自助，有些行程卻仍是得跟一日團出去。自助與跟團各有優缺點，無法比較高低——而我思考的不是「旅遊」這件事情，而是「人生」。

似乎絕大多數的人都是過著「跟團」的人生，乖乖唸書、把大學讀完、去工作、然後到了年紀就該結婚，什麼時候應該要怎樣怎樣，好像隨著潮流一般，盡力符合期待，做著大家覺得應該做的事情，但那些真的是「應該」的嗎？

誰都無法避免會進入「跟團」的人生浪潮，我也在這

浪潮起伏著，但是至少跳上衝浪板的姿態可以自己選擇，能否去實踐自己想要的事情。流浪時候雖苦，但讓我學到「因為願意，因為甘願，特別踏實與賣力，也享受當下」。選你所愛，愛你所選，這才是人生應該有的態度。

我一直在深思這些人生問題，但是我深信不移的是，經過流浪之後，我越來越認識我自己了，面對人生，好像更清楚自己要選擇些什麼。

絢爛之後就會變為平淡，平淡之後就會繼續製造浪漫。這也是我的背包客體悟。

一整年多采多姿的背包客生活結束了，回到台灣，未來會開始規律的職場生涯。規律之餘，不論我是要把握週末製造些精采、或是在工作中努力綻放光亮，背包課已經教了我：無論我在哪裡，都要好好體會、好好欣賞這世界的風景，不是嗎？

回到常軌生活後，或許我會聽到好多抱怨，無論是工作、政治還是哪個東西又漲價了，這些在流浪過程中微不足道的事情，我想我不該再放在心上。我要學會跳，跳出一個封閉環境，讓自己像背包客一樣從遠處觀察最近的自己，轉念、再正面一些，把過去壯遊的熱情能量導入，那麼事情一定都會好轉。

就算不是背包客了，但是背包客的心與感覺卻是一直都在，韌性與胸懷，他不會留在澳洲或是泰國，而是跟著我，繼續熱血。那麼，我想，就算拿公事包，也是背包客！

後記

1. Martin送給我的
JUMP足球衣

　　熱情的跳了起來，接著落地了，落地不是代表結束，
而是另一個跳躍的開始。

　　回國之後，大家都會很好奇我的澳洲冒險經驗。覺得
兒子終於撿回來的父母、好久不見的親友、應徵工作時的
主管、打算去打工度假的朋友，甚至是朋友的朋友。

　　整體來說，打工度假一年給我的體驗是加分的，講起
故事時的眼睛真的會發光。但是隻字片語真的很難形容我
所遭遇的一切。而我想說的，也不是我英文進步了、還是
我在澳洲賺了多少錢，對每一位願意聽故事的人，我想說
的，是我很努力的跳、賣力的跳、用力的跳，在冒險旅途
中跳出的「熱情」與「感動」。

　　我曾經被一本旅遊文學深深鼓勵，也曾經被背包客前
輩的部落格文章給深深感動，那一張照片，一段文字，字
裡行句間彷彿在散播熱情的種子，落在我心田之後不斷發
芽，我才明白，熱情是會傳染的，熱情是帶給人夢想與希
望的。

　　還記得我在墨爾本的室友Martin嗎？一直保持聯繫的
我們，有一天突發奇想的要交換禮物，互相寄給對方一
個包裹，並且約好這個禮物要有家鄉的特色。我蒐集了財
神爺公仔、毛筆、台灣明信片等大量東方元素的禮物寄給
他，而我收到的是一件他家鄉足球隊的球衣。

　　攤開球衣之後才發現，上面球員名字的地方燙著

「JUMP」，而背號5號則是我們一起住的房門號碼！這樣用心的禮物讓我受寵若驚，信中他寫了一句：「Keep Jumping！」我真真切切地收到了他的熱情。

原來熱情就是最棒的禮物！為了將這股熱情保留下來，並且可以傳遞到你手中，就是這本書出現的最大初衷！

我背包裡裝的滿滿熱情就是要與你分享，希望你的心也可以熱情的跳躍著！

JUMP！BACKPACKER！

跳，向下一個旅程邁進！

JUMP！BACKPACKER！
Neo的澳洲冒險記事簿

作 者	Neo（王淳剛）
發 行 人	林敬彬
主 編	楊安瑜
責 任 編 輯	陳亮均
助 理 編 輯	黃亭維
內 頁 編 排	蘇佳祥
封 面 設 計	蘇佳祥

出 版　　大旗出版社　行政院新聞局北市業字第1688號
發 行　　大都會文化事業有限公司
　　　　　11051台北市信義區基隆路一段432號4樓之9
　　　　　讀者服務專線：(02)27235216
　　　　　讀者服務傳真：(02)27235220
　　　　　電子郵件信箱：metro@ms21.hinet.net
　　　　　網　　　址：www.metrobook.com.tw

郵 政 劃 撥　　14050529 大都會文化事業有限公司
出 版 日 期　　2012年10月初版一刷

定 價　　260元
I S B N　　978-986-6234-52-1
書 號　　FORTH011

First published in Taiwan in 2012 by Banner Publishing,
a division of Metropolitan Culture Enterprise Co., Ltd.
Copyright © 2012 by Banner Publishing.
Printed in Taiwan. All rights reserved.

4F-9, Double Hero Bldg., 432, Keelung Rd., Sec. 1,
Taipei 11051, Taiwan
Tel:+886-2-2723-5216　Fax:+886-2-2723-5220
Web-site:www.metrobook.com.tw
E-mail:metro@ms21.hinet.net

國家圖書館出版品預行編目資料

JUMP！BACKPACKER！ Neo的澳洲冒險記事簿 /Neo著；-- 初
版. -- 臺北市：大旗出版：大都會文化發行, 2012.10
304面 ;21×14.8公分.

ISBN 978-986-6234-52-1(平裝)

1.遊記 2.旅遊文學 3.澳大利亞

771.9　　　　　　　　　　　　　　　　101018684